오늘도 예민하게
잘살고 있습니다

남보다 민감한 사람이 자신을 사랑하는 법

오늘도 예민하게 잘살고 있습니다

초판 1쇄 발행 2018년 9월 17일
초판 2쇄 발행 2019년 8월 20일

지은이 송지은
펴낸이 문채원
편집   원미연
디자인 김은희
마케팅 이은미

펴낸곳 도서출판 사우
출판 등록 제2014-000017호
주소 서울 양천구 목동동로 50, 1223-508
전화 02-2642-6420
팩스 0504-156-6085
전자우편 sawoopub@gmail.com

ISBN 979-11-87332-27-5 03180

이 도서의 국립중앙도서관 출판예정도서목록(CIP)은 서지정보유통지원시스템 홈페이지
(http://seoji.nl.go.kr)와 국가자료공동목록시스템(http://www.nl.go.kr/kolisnet)에
서 이용하실 수 있습니다.(CIP제어번호: CIP2018027049)

오늘도 예민하게
잘살고 있습니다

송지은 지음

사우

내가
누구인지
알고 나니,
행복이
찾아왔다

수의를 입고 유서를 썼다. 눈물이 홍수처럼 쏟아져 눈이 멀 것만 같았다. 천천히 관으로 들어가 아무것도 없는 텅 빈 공간에 몸을 눕혔다. 이렇게 가는 것을. 가는 길엔 가족도, 친구도, 그 누구도 함께할 수 없음에 두려움이 몰려왔다. 형체를 알 수 없는 생의 끝을 느끼자 홀가분하기조차 했다. 관 뚜껑이 닫혔다. '턱······. 쿵쿵쿵쿵.' 관에 못질하는 소리를 들으며 나는 눈을 감았다. 적막이 흐른다. 그렇게 나는 죽었다.

손에 잡히지 않는 인생. 그토록 힘겨운 것만은 아니라고 여기며 살아도 되었을 젊은 날이 감은 눈앞에 환영처럼 나타났다. 남은 생이 눈앞에 있다면 나는 생을 붙잡고 싶을까, 그만 놓아버리고 싶을까. 절체절명의 기로에 서 있던 내가 임종체험을 해보기로 한 이유다. 막상 수의를 입고 관 속에 누워 생을 바라보니 아쉬움과 후회로 생의 바깥을 서성이고 있는 내가 보였다.

불안과
함께 살다

정신 건강의 중요성과 심리 상담에 대한 이해가 제대로 정립되지 않은 사회적 풍토 때문이었을까. 평생을 민감한 성격 때문에 힘들게 살아왔으면서도 나는 한번도 내 심리적 안정과 행복을 우선순위에 두지 못했다. 학교 다닐 때는 문제 한번 일으킨 적 없는 모범생이었다. 우수한 성적에 순종적인, 아무 걱정 없이 잘 지내는 얌전한 아이였으니까 말이다. 어른들 말대로 공부 열심히 해서 장학금 받고, 미국 유학 무사히 마치고 좋은 직장에 취직하면 행복은 저절로 찾아올 줄 알았다. 주변 사람들도 모두 다 그렇게 획일적인 삶을 살고 있었다. 소위 말하는 스펙 좋은 사람이 되면 내 인생 역시 탄탄대로일 거라 믿었다.

부모님과 선생님 말씀이 진리인 줄로만 알고 자란 순해 빠진 아이의 지독한 성실함은 지금 돌이켜보면 내 안의 불안을 다스리려는 무의식적 반응이었다. 내가 민감하단 걸 알아차리고 보듬어주지 않은 가족과 선생님을 대하면서 어린 내가 느꼈던 불안감, 어쩌면 버림받을지도 모른다는 불안이 나를 책 속으로 도망치게 했던 건 아닐까. 열심히 공부하면 나를 알아봐줄지도 모른다는 생각에 나는 더더욱 공부에만 매달렸는지도 모른다. 아직도 많은 이들이 '민감성'이라는 기질을 제대로 이해하지 못하고 있으니, 그 시절 부모님과 선생님들 역시 나를 이해할 수 없었으리라. 그런데도 어린 시절을 떠올리면 억울하고 화가 날 때가 많다. 내 민감성은 결국 내 삶의 불안요소로 작용해왔으니 말이다.

졸업 후 직장에 다니면서도 나는 제대로 쉬거나 재미있게 놀아본 적이 없다. 다들 자기계발에 열을 올리니 나도 뭔가 해야만 한다는 의무감에 여기저기 기웃거리며 강좌를 듣고 새로운 걸 배워야 할 것 같았다. 그렇게 앞만 보고 달렸다. 늘 그랬듯 빈틈없고 성실한 직장인이었다. 어른들이 말하는 좋은 직장에 취직했고 퇴근 후에도 시간을 쪼개가며 공부했다. 무엇이든 열심히 하면 더 나은 삶이 찾아와줄 줄 알았고 내 안의 불안도 사라질 거라 믿었다.

하지만 성실한 생활이 계속되면 될수록 나는 점점 더 불행한 사람이 되어갔다. 웃어본 지가 언제인지 기억조차 나지 않았고, 살면서 내 마음대로 해본 게 하나라도 있나 싶어 지나간 날들을 후회하기 시작했다. 하지만 남들도 모두 나만큼 힘들게 살고 있을 거라 생각하면서 그저 참고, 또 참았다. 아파도 참고, 우울해도 참고, 불안감이 밀려와도 참으면서 겉으로 보기엔 아무 문제 없는 생활을 유지해나갔다.

몸이 보낸
신호

그러던 내가 사태의 심각성을 깨달은 건 사회생활 10년 차쯤 되었을 때였다. 한 분야에서 꾸준히 일했으니 이제 베테랑 소리를 들을 법도 하건만, 오히려 생산성이 퇴보했고 더는 사회생활을 계속할 수 없을 것 같다는 생각에 하루하루가 괴로웠다.

넌 대체 뭐가 그리 예민하냐고, 아무것도 아닌 걸 가지고 왜 그리 고민하냐고, 뭐가 그렇게 힘들어 엄살이냐며 내 느낌과 감정을 부정하는 사람들 속에서 내가 그렇게 유별나고 나약한 사람인 건가 의심하며 하루하루를 보냈다. 내 성격에 문제가 있는 건 아닐까, 어떻게 하면 나도 남들처럼 말하고 생각하고 행동하면서 수월하게 세상을 살아갈 수 있을까 고민했다.

어디를 가도, 누구를 만나도 나와 비슷한 사람은 찾을 수 없었고, 내가 왜 힘든지 이해하지 못하는 사람들 틈에서 외로움과 이질감은 점점 커져만 갔다. 이런 고통을 누구에게도 이해받지 못한 채 홀로 세상과 대면해야 했다. 항상 긴장을 늦추지 못했기 때문에 늘 피곤했고 통증을 달고 살았다. 아무리 잠을 자도 피곤이 가시지 않아서 아무것도 하지 않고 일 년 내내 잠만 잤으면 좋겠다고 생각할 정도였다.

지금 가장 후회되는 건 그렇게 극심한 피로와 신체 통증을 너무 긴 시간 동안 방치했다는 것이다. 젊은 게 뭐가 그리 피곤하냐며 약골이라고 놀리거나 야단치는 사람들만 주변에 있다 보니, 신체에 이상 신호가 와도 대수롭지 않게 여겼다. 건강검진을 해도 별다른 질병이 있는 건 아니라고 하니 그저 몸이 약한 거라고만 여겼다. 하지만 그 통증은 내가 겪은 트라우마와 부정적 감정으로 인해 발생한 신체화 현상이었다. 20대부터 시작된 신체화 현상을 알아차리지 못하고 그저 참고 견뎌야 한다고만 생각하며 살아왔던 거다.

아침에 일어나 출근 준비할 에너지마저 소진돼 나는 결국 사회생활을 그만둘 수밖에 없었다. 매일 샤워하고 화장하고 지하철 타고 출근해서 사무실에 앉아 있을 기력조차 없었던 것이다. 마치 겨울잠 자는 동물처럼 정말로 아무것도 하지 않은 채 그저 집에 가만히 누워 있어야만 했다. 자도 자도 피곤한 몸을 일으키지 못해 집 밖으로 거의 나다니지도 못하고 오랜 시간을 그렇게 무기력하게 보냈다.

내 삶은 왜 이렇게 힘든지, 남들에겐 아무렇지 않은 일들이 왜 내게만 큰 두려움으로 다가오는지 알아보고 싶은 마음에 심리상담소를 찾아가기도 했다. 발걸음이 떨어지지 않아 가다 서기를 반복하면서, 길거리에서 괜히 관심도 없는 물건들을 구경하면서, 무슨 말부터 해야 할지 몰라 멍하니 서서 혼자 생각에 잠기기를 몇 차례. 유난히 무거운 출입문을 열고 들어가니 여자 한 명이 보였다. 금방이라도 눈물이 쏟아질 듯 물기 가득한 눈망울에, 푸석한 얼굴을 한 여자. 누런색 패딩을 입고 고개를 푹 숙인 채 눈을 어디에 둘지 모르는 여자가 거기 서 있었다. 그건 나였다. 그날 거울에 비친 내 모습이 딱 그랬다.

"선생님은 우울한 게 아니에요. 말씀도 잘하시고, 그동안 이뤄놓은 것도 많으시고, 상담에 늦지 않고 꼬박꼬박 잘 나오시는 거 보니 성실하게 살아온 분 같으신데요. 정말 치료가 필요한 우울증이라면 상담 약속을 해놓고도 잘 못 나오는 경우가 많거든요. 약물치료가 필요한 단계도 아닌 것 같아요. 자살이나 자해 충동이 있거나 화장실 갈 힘도 없어서 침대에 누워서 일을 볼 정도라면 모르겠지만. 그 정도로 심한 무기력증은 아니세요."

심리 상담 마지막 날 들은 말이다. 마음이 저만치 바닥으로 떨어져 더 이상 내려갈 곳도 없는 듯 싶었지만 상담사가 보기에 나는 우울증 환자는 아니었다. 그렇다면 내 안의 혼란과 뒤엉킨 감정의 실타래는 어떻게 풀어야 하는 걸까. 내가 하는 말을 이해 못 하는 듯했던 상담사의 눈빛과 표정이 계속 마음에 걸렸다. 내 심정과 고통을 가늠하기는 했던 걸까. 여전히 풀리지 않는 의문과 세상이 다 끝난 것처럼 힘든 마음에 결국 나는 신경정신과로 발길을 돌렸다.

상담이라 하기도 뭐한 짧은 대면 시간 동안 힘든 점을 정신과 의사에게 설명했다. 그 많은 이야기를 다 할 수 있는 상황도 아니었고 무엇보다 대체 내 안의 절망을 어떻게 말로 설명해야 하나 싶었다. 내 이야기를 듣고 그에 걸맞은 병명과 함께 약 처방을 해줄 터이기에 더 신중해야 했다. 짧은 면담을 끝내고 나오면서 나는 알았다. 약물치료는 내가 원하는 방법이 아님을. 내 온몸의 촉이 말해주고 있었다. 또 다른 방법을 찾아야만 했다.

나는
민감한 사람이었다

그날부터 나는 책과 인터넷을 뒤지기 시작했다. 정신과 전문의부터 심리상담사, 스님, 심리학에 조예가 깊은 작가들이 쓴 책까지 끌리는 대로 읽으면서 내 마음이 왜 이렇게 엉켜버렸는지, 몸은 왜 이렇게 아픈지, 나를 이해하고 치유할 방법을 찾아 헤맸다. 책에서 위안을 얻은 건 분명하다. 그렇지만 여전히 해소되지 않은 궁금증이 있었고, 아직도 나를 위해 뭘 해야 좋을지 알 수 없었다. 책을 읽을 때는 좋았지만 덮고 나면 현실은 그대로였다. 몸은 여전히 아팠고 마음은 아직도 어둠 속을 헤맸다. 몇 달 동안 내리 책만 읽고 나니 책 속에서도 더는 새로운 걸 발견할 수 없었다. 그렇게 시간은 정체된 채 계속 흘러만

갔다.

'이제 그만 포기해야 하나…… . 더 이상 뭘 어떻게 해야 하지. 계속 이렇게 살 바엔 이제 그만…… .' 깊은 절망이 나를 잠식해갔다. 세상 어디에도 내가 마음 편히 쉴 곳은 없는 것 같았다. 남들은 다 건강하고 즐겁게 자기 몫의 인생을 살고 누리며 앞으로 나아가고 있는데 내 삶만 정체되어 있었다. 아침에 눈 뜨는 것조차 싫었다.

그렇게 의미 없는 날이 계속되던 어느 날 우연히 영어로 '치유'라는 단어를 검색해보았다. 치유와 관련된 수많은 원서와 온라인 프로그램, 힐러에 대한 정보가 눈앞에 펼쳐졌다. 순간 나는 눈이 번쩍 뜨였다. 나를 위해 해볼 수 있는 마지막 투자였다. 《진실이 치유한다》의 저자이자 미국의 마스터 힐러인 데보라 킹Deborah King을 비롯해 치유 분야 전문가들을 알게 되면서 새로운 희망이 보였다. 한국에 잘 알려지지 않은 자연요법과 치유 프로그램을 공부하면서 내가 어떤 유형의 사람인지 알게 되었고, 내가 왜 그토록 힘들 수밖에 없었는지 비로소 이해할 수 있었다.

나는 민감한 사람이었다. 민감한 기질로 태어났으면서 그동안 모른 채 살아온 거였다. 민감하지 않은 사람처럼 살면서 세상에 적응하려 애쓴 날들이 결국 나를 만신창이로 만들어놓은 거였다. 그때까지 나는 주류의 삶을 추구하며 사는 것에 한 번도 의문을 가져본 적이 없었다. 그것이 정답이라면 나는 그 누구보다 즐겁고 행복하게 살고 있어야 하지 않는가. 어째서 몸과 마음이 다 망가지도록 세상의 기준에 나를 끼워 맞추려고만 했는지, 그 시절의 나를 생각하면 너무나 안타깝고 가슴이 먹먹하다.

나처럼 자신이 민감한 사람임을 일찌감치 깨닫지 못하고 자신을 부적응자, 혹은 실패자라고 생각하는 사람들이 있다면 당신은 더 이상 혼자가 아니라는 걸 알려주고 싶다. '민감성'이 무엇인지 제대로 알려지지 않은 사회에서 민감한 사람으로 살아가기란 정말로 외롭고, 때로는 고통스럽기까지 하다는 걸 누구보다 잘 알고 있기 때문이다.

우리는
이제
혼자가 아니다

전체 인구의 약 15~20%에 해당하는 민감한 사람 중에는 아마 자신의 민감성을 연약함이라 치부하며 힘들어하는 이들이 많을 것이다. 민감하지 않은 다수에 치이고 그들의 언행에 불쾌감을 느끼면서도 다수의 생각과 기존의 사회적 인식이 올바른 것이라 생각하며 적응하려고 애쓰며 살 것이다. 지금까지 그렇게 해왔다면 이젠 그러지 않아도 된다고 알려주고 싶다. 이 책을 통해 민감성이 무엇인지, 민감한 당신에게 얼마나 수많은 가능성이 있는지 깨닫게 된다면 자책하는 마음이 사라지고 사람들 사이에서 느꼈던 이질감도 자연스럽게 해소될 테니 말이다.

치유 프로그램을 공부하면서 나는 민감한 사람 중에서도 민감성이 매우 강한 '초민감인'에 해당한다는 사실을 알게 되었다. 초민감인은 민감한 이들 중에서도 소수에 해당하며 유달리 강한 민감성을 갖고 태어난 사람이다. 이 사실을 알게 되었을 땐 당황스러웠을 뿐 아니라 왠지 모르게 화가 났다. 초민감한 나야말로 정말 이 세상에서 살아가기에 부적합한 기질과 성향을 갖고 있는 게 아닌가 싶어 누구든 원망할 대상부터 찾았다. 세상 사람들이 제아무리 힘들다 해도 과연 나만큼 힘이 들까. 나만큼 강도 높은 괴로움 속에서 살고 있을까. 초민감하다는 게 어떤 건지 상상이나 할 수 있을까 싶어 분노와 혼란으로 가득 찬 시기를 보내야 했다.

한동안 그런 시간을 보내고 나서야 나를 있는 그대로 받아들일 수 있었다. 초민감한 나를 받아들이고 나니 내 성향이 어떤지 더 알아보고 싶은 마음이 생겼다. 이 책 1장에 나와 있는 초민감인에 대한 글을 읽고 공감한다면 아마 초민감한 당신은 반가운 마음에 내면에 울림이 일 것이다. 이것이야말로 민감성이 높은 우리들만이 이해하고 나눌 수 있는 이야기니까 말이다.

기존의 심리상담이나 의학적 설명이 어딘가 부족하다고 느꼈던 것도 그럴만한 이유가 있었다. 민감성에 대해 잘 알지 못하는 이들이 민감한 나를 이해해주고 내게 필요한 도움을 줄 거라 기대했으니 그만큼 실망이 클 수밖에 없었던 것이다. 나는 다른 사람들이 보고 듣는 것보다 훨씬 더 많은 걸 감지하면서 살아왔기에 남들보다 더 힘들 수밖에 없었고, 몸에 쉽게 무리가 갈 수밖에 없었다.

비록 남들이 나를 이해하지 못한다고 해도 이젠 내가 나를 이해하고 받아주고 아껴줄 수 있게 되었다. 한 가닥 희망에서 시작한 치유 공부가 나를 살리고 살아가게 하는 구심점이 되어주었다. 나는 이제 내게 어울리는 삶을 살고 있다.

임종체험을 한 그날, 나는 마지막 가는 길에 꽃단장하듯 천천히 샤워를 하고 외출 준비를 했다. 몇 년 동안이나 쓰지 않아 먼지가 쌓여 있는 화장품을 보면서 문득, 예쁘게 화장하는 법을 잊어버렸음을 알았다. 젊디젊은 나이에 자신을 가꾸고 단장하고자 하는 마음마저 사라진 내 모습에 쓸쓸했다. 무엇이 나를 이렇게 만들었을까. 내가 어쩌다 이렇게 되었나 싶어 기가 막히고 눈앞이 캄캄했다.

관 속에 누워 머리카락이 젖도록 울면서 나는 지나온 삶을 모두 버렸다. 무엇보다 스위스의 안락사 시설로 향했던 관심까지 완전히 지워버렸다. 더 이상 살아내지 못하겠다는 절망이 내 시선을 그리로 향하게 했을 뿐, 나는 분명 살고 싶었다. 그날 나는 마음 깊은 곳에 묻혀 보이지 않았던 내 진심과 직면했다. 나는 살고 싶었다. 정지된 삶을 다시 가동시켜 웃고 떠들며 생생한 나날을 보내고 싶은 마음이 내 안에 자리하고 있었다. 그 동안 몸과 마음이 모두 병들어 큰 혼란 속에 있었을 뿐, 이것이 끝이라는 생각은 들지 않았다.

관 뚜껑이 열리고, 나는 진짜 내 삶을 살기로 했다

관 뚜껑이 열리고 눈을 떴을 때, 숨 막히게 외로운 어둠 속에 있다가 다시 마주한 세상은 너무나도 밝고 선명했다. 마치 찰칵 하고 카메라 버튼을 누른 듯 한 번의 눈 깜빡임만으로 시간과 시간의 틈을 갈라놓고 나니 다시 새로운 삶이 시작되었다. 내 안에 숨어 있던 살고 싶은 욕구와 사랑하고 싶은 마음을 확인하며 나는 새로이, 이번엔 진짜 내 삶을 살고 싶어졌다. 두려움과 회피로만 가득한 인생을 살아봤으니 앞으로는 행복과 사랑으로만 가득한 삶을 살아보리라 다짐하며 몸을 일으켰다. 삶에 대해 더 알고 싶고 더 누리고 싶은 마음뿐이었다. 건강해지고 싶었고 많이 웃고 싶었다. 그래서 나는 내게 안식년을 주기로 했다. 명상을 시작했고, 대체요법을 공부하면서 치유에만 집중하기로 한 것이다.

당시 나는 누구보다 치유에 목말라 있었고 삶을 살아갈 원동력을 찾고 싶었다. 절실했던 내 마음이 본능적으로 제 갈 길을 찾은 것이다. 비행공포 때문에 여행도 잘 다니지 않던 내가 치유 워크숍 참석을 위해 혼자서 미국까지 다녀온 걸 보면 그동안 참 많이 노력했고 또 그만큼 성장했음을 알 수 있다.

어쩌면 이 모든 게 내 소명을 찾는 데 필요한 과정이었는지도 모른다. 어둡기만 했던 긴 터널을 통과하고 나니 지금은 총천연색으로 밝게 빛나는 세상이 보인다. '이제 난 어떻게 살아야 하나'라는 생각에서 벗어나 '내가 가진 재능이 세상에 어떤 보탬이 될까'라는 긍정적인 생각과 태도를 갖게 되었으니 스스로 안식년을 주길 참 잘했다는 생각이 든다.

그동안 내가 자가 치유를 위해 직접 해본 여러 가지 방법들을 이 책에 담아놓았다. 어떤 것이든 자신이 가장 쉽게 해볼 수 있는 것부터 하나씩 해보고 어떤 변화가 오는지 살펴보기 바란다. 주의해야 할 것은 대체요법의 경우 개인의 체질과 건강 상태에 따라 반응이 다르게 나타날 수 있다는 점이다. 질병이 있어 약물을 복용 중이거나 병원에서 받은 약 처방이 있다면 대체요법을 병행해도 좋은지 의사와 반드시 상의하기 바란다. 임신이나 수유 중인 경우, 수술을 앞둔 경우에도 주의가 필요하다. 내게는 큰 도움이 된 대체요법이라 많은 사람에게 알려주고 싶은 마음이 굴뚝같지만 이것은 의학적 소견이 아닌 일반적인 가이드라인임을 분명히 밝혀둔다.

민감함이 무엇인지, 민감한 사람에게 필요한 것과 적절한 삶의 지향점을 어떻게 이끌어내야 하는지 알게 되면서 이를 여러 사람과 나누고 싶은 마음이 생겼다. 예전의 나처럼 혼란스럽고 아픈 누군가에게 희망을 줄 수 있다면 이 책은 제 사명을 다하는 것이리라. 조금 더 욕심을 내본다면 의료인과 심리상담사들이 이 책을 읽고 민감한 환자와 내담자를 치료할 때 활용했으면 좋겠다. 민감성을 제대로 이해해야 민감한 사람에게 적합한 치료와 눈높이에 맞는 상담을 해줄 수 있을 테니 말이다.

원한다면 나를 충분히 이용해도 좋다. 민감성에 대해 더 자세히 알고 싶다면 이렇게 생생하게 살아 꿈틀대는 초민감한 나를 불러주기 바란다. 있는 그대로의 내 모습으로 살면서 세상에 도움이 되는 일을 하는 것이야말로 민감하기에 할 수 있는 일이다. 나는 결코 시시하지 않은 삶을 살아갈 준비가 되어 있다!

나는 얼마나
민감한
사람일까

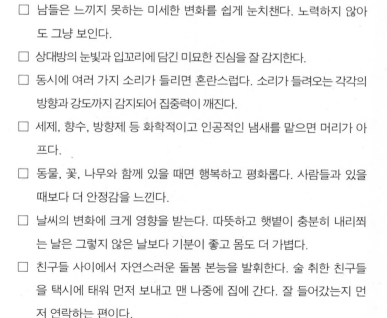

☐ 남들은 느끼지 못하는 미세한 변화를 쉽게 눈치챈다. 노력하지 않아도 그냥 보인다.

☐ 상대방의 눈빛과 입꼬리에 담긴 미묘한 진심을 잘 감지한다.

☐ 동시에 여러 가지 소리가 들리면 혼란스럽다. 소리가 들려오는 각각의 방향과 강도까지 감지되어 집중력이 깨진다.

☐ 세제, 향수, 방향제 등 화학적이고 인공적인 냄새를 맡으면 머리가 아프다.

☐ 동물, 꽃, 나무와 함께 있을 때면 행복하고 평화롭다. 사람들과 있을 때보다 더 안정감을 느낀다.

☐ 날씨의 변화에 크게 영향을 받는다. 따뜻하고 햇볕이 충분히 내리쬐는 날은 그렇지 않은 날보다 기분이 좋고 몸도 더 가볍다.

☐ 친구들 사이에서 자연스러운 돌봄 본능을 발휘한다. 술 취한 친구들을 택시에 태워 먼저 보내고 맨 나중에 집에 간다. 잘 들어갔는지 먼저 연락하는 편이다.

☐ 사소한 거짓말도 양심의 가책을 느껴서 하지 못한다. 둘러대거나 없는 말을 지어내 상황을 모면하는 일도 하지 않는다. 그렇게 하는 사람들을 보면 두렵고 싫다.

☐ 규율과 원칙을 잘 지키고 중시한다. 누가 보지 않는다고 해서 행동을 달리하지 않는다.

☐ 타인의 아픔에 쉽게 공감하고 감정이입을 잘한다.

☐ 주변 사람들이 고민이 있거나 부탁할 일이 있을 때면 나를 가장 먼저 찾는다.

☐ 친구나 지인뿐 아니라 잘 모르는 사람일지라도 힘든 상황에 처한 걸 알면 어떻게든 도와주고 싶어 한다.

☐ 사람이 중요한 만큼 지구상의 다른 모든 생명체도 소중하다고 믿는다. 동물을 사랑하고 자연환경을 보호하는 것이 얼마나 중요한지 누구보다 잘 안다.

☐ 슬픈 영화나 음악, 끔찍한 뉴스를 접하면 깊이 영향받는다. 잔상이 오랫동안 남아 기분과 생각을 잠식한다.

☐ 의사 처방대로 약을 먹어도 약 기운에 정신을 차릴 수가 없다. 졸리고 기운이 없어 일상생활을 할 수가 없다.

☐ 목소리가 크고 쉽게 화를 내는 사람, 언행이 거친 사람과 함께 있으면 불안하고 불쾌하다.

☐ 여러 사람이 모이는 것보다 일대일 만남이나 소규모 모임이 더 편하다.

☐ 의미 없는 잡담이나 남의 뒷이야기 하는 것에 흥미를 느끼지 못한다.

☐ 혼자서 조용히 쉬는 시간이 반드시 필요하다. 방해받지 않는 휴식시간이 있어야만 에너지가 재충전된다.

☐ 멀미를 하거나 비행공포증, 고소공포증이 있다.

☐ 새로운 환경, 새로운 만남, 예상치 못한 변화가 기대되기보다 긴장되고 당혹스러울 때가 더 많다.

☐ 놀이기구를 잘 타지 못한다. 높은 곳에서 떨어지는 느낌이 몸에 무리를 준다. 타고나서 구토한 적도 있다.

☐ 성실하다. 잔꾀를 부리거나 눈속임으로 일을 대충 하지 않는다.

☐ 일을 한 번에 한 가지씩 처리할 때 더 효율적이다.

☐ 억압, 강요, 심리적 압박, 권위주의를 잘 견디지 못한다.

☐ 누군가 나를 쳐다보는 것 같아 고개를 돌리면 항상 누군가와 눈이 마주친다.

☐ 상대가 말로 표현하지 않아도 어떤 기분인지 느껴진다.

☐ 말 자체보다 말 속에 담긴 감정 에너지와 어투를 더 예민하게 파악한다.

☐ 거절을 잘 못 한다. 무리한 요구를 해오면 힘이 들지만 거절했을 때 상대방이 느낄 실망과 서운함을 생각하면 차라리 내가 힘든 편이 낫다.

☐ 상대방의 기분과 필요를 먼저 생각한다. 내 위주로 생각하고 행동하는 게 어색하고 불편하다.

☐ 내가 친절을 베풀었을 때 상대가 기뻐하는 모습을 보면 큰 보람을 느낀다.

이것은 민감한 사람들의 대표적 특징이다. 읽으면서 공감하는 사항이 많을수록 당신의 민감도 또한 높음을 의미한다. 이게 다 내 이야기인데 싶어 반가움에 흥분하는 독자도 분명 있을 것이다. 그렇다면 앞으로 펼쳐질 민감인에 대한 이야기가 무척 흥미롭게 다가올 테니 열심히 책장을 넘겨주기 바란다.

1.장

민감해서
더 뛰어나고,
그래서
더 힘든
사람들

당신이
그동안
누구에게도
이해받지 못한
이유

"뭘 그런 걸 가지고 그렇게 예민하게 굴어?"

"무슨 생각이 그렇게 많아?"

"헛, 넌 그런 것까지 기억해?"

"말이 없네."

"눈치 좀 그만 보고 자기주장도 좀 하고 살아."

"빨리 좀 해 빨리. 그게 그렇게 오래 고민할 일이야?"

"우린 아무렇지도 않은데, 넌 아마 울 거다. 넌 걸핏하면
슬프잖아."

민감해서 더 뛰어나고, 그래서 더 힘든 사람들

참 자주 듣는 말이었다. 집에서도 회사에서도, 친구들 모임에서도. 사람들과 함께하는 모든 일에서 불안감을 느꼈고 남의 시선을 의식하는 내 모습이 점점 버거워지던 무렵, 문득 이런 생각이 들었다. 왜 사람들은 내게 저런 말을 아무렇지도 않게 하며, 왜 나는 그들의 말과 표정에 담긴 비아냥과 안타까움을 보고 아무런 대꾸도 하지 못하는가. '넌 대체 왜 그러냐, 그래서 이 험한 세상 어떻게 살아가려고'라는 비난에 가까운 말을 수시로 들으면서 한 번도 그 말의 당위성을 의심해보지 않았다. 그럴 법도 한 게 어린 시절부터 부모님과 선생님, 친척들과 동네 어른들, 그리고 성인이 돼서 만난 주변 사람들 모두 나에게 똑같이 이야기했으니 말이다.

그들은 모두 그럴 수 있는 사람들이었다. 더 정확하게 말하면 그들은 나와 다른 기질을 가진, 민감하지 않은 사람들이었다. 그들의 사고방식과 언행은 민감한 나와는 달랐다. 여기에다 민감함을 결함이라고 생각하는 오래된 사회적 통념까지 더해지니 자기와 기질이 다른 민감한 사람에게 무슨 약점이라도 있는 듯 으름장을 놓기 일쑤였다.

이렇게 불공평한 사회적 풍토가 지속되어도 좋은가? 민감함은 곧 열등한 것이며 민감하지 않은 것이 더 바람직한가? 우리는 오랫동안 이런 의문조차 갖지 못한 채 살아왔다.

민감성을 이해하지 못하는 사람들에게 자주 들었던 말을 민감인 입장에서 한번 되짚어보면 이렇다.

"그런 것도 감지 못 하다니, 어떻게 그리 둔감해?"

"왜 그렇게 생각이 없어?"

"어머, 넌 어떻게 그런 것도 기억 못 해?"

"말이 너무 많네."

"남들 기분도 좀 생각해. 자기 입장만 내세우지 말고."

"왜 그렇게 맨날 급해? 내가 느린 게 아니라 네가 성급한 거라는 생각은 안 들어?"

"나는 그만큼 감정이입을 잘하고 남의 심정을 잘 헤아리는 사람이야. 힘들 때 위로가 되어주는 사람."

이런 말을 들으니 어떤가? '맞아! 이렇게 생각할 수도 있는 거였어!'라는 생각에 속이 후련하다면 당신은 민감한 사람이다. 민감한 당신은 이미 알고 있을 것이다. 민감한 사람들은 이런 생각을 하더라도 남들에게 쉽게 말하지 못한다는 걸 말이다. 민감한 사람은 남의 기분이 상할까봐 항상 조심하고, 혹시나 나의 실수로 관계가 불편해지는 걸 견디지 못한다.

그런데 민감하지 않은 사람들은 저런 말을 들어도 민감인들 만큼 깊이 고민하고 상처받지 않는다. 그러니 비민감인들이 알게 모르게 내뱉는 이런 종류의 무심함에 대해 너무 오래 참지 말고 그때그때 알려주는 것이 좋다. 그들의 무심함이 민감한 사람들에겐 무례함이 될 수도 있음을 알려주어야 적당한 안전거리가 생긴다.

민감성 연구 분야에 있어 선두주자인 일레인 아론Elaine N. Aron 박사는 민감인의 특징을 크게 네 가지로 설명한다. 민감한 사람들은 정보처리 능력이 뛰어나고, 높은 공감 능력을 가졌으며, 미묘한 것도 잘 감지하고, 고도로 발달된 신경계 때문에 자극을 받으면 쉽게 스트레스가 쌓인다는 것이다. 나는 주변 사람들보다 정적이고, 관심 가는 것에 깊이 빠져들고, 작은 일에도 아이처럼 감동하거나 감정이 고양된다. 그런 내가 철이 없고 현실감각이 부족한 게 아닌가 고민한 적이 있었다. 하지만 세상에는 남들보다 민감한 사람이 있으며, 나는 민감하지 않은 사람들과 다른 시선으로 세상을 보고 경험한다는 걸 알게 되었다. 민감하지 않은 사람들이 나를 보고 이질감을 느끼듯 나 역시 나와 다른 사람들 틈에서 공감대를 느낄 수 없는 것이다. 그런데도 나는 내 민감성을 숨겨야만 했다.

정보를 처리하는 능력이 남들보다 뛰어나다 보니 내가 보고 듣고 겪는 모든 것이 남들보다 강력하게 내면에 저장될 수밖에 없다. 감정 이입이 잘 되다 보니 남들 일에 신경을 많이 쓰고 사소한 일에도 크게 기뻐하거나 매우 힘들어한다. 미묘한 것까지 쉽게 감지하다 보니 남들보다 많은 걸 인식하고 기억하게 돼서 스트레스 레벨 또한 높아진다. 또한 남들에겐 일상적인 잡음도 민감한 사람에겐 과다한 소음으로 인식되는지라 시끄럽고 복잡한 곳에 있으면 집중력이 떨어진다.

민감함 역시 인간이 가진 다양한 기질 중 하나라는 걸 알게 되면서 오랜 시간 나를 괴롭혔던 복잡한 마음과 왠지 모를 자괴감이 가뿐함으로 변하는 걸 느낄 수 있었다. 이렇게 개운한 마음을 다른 민감인들과 함께 나누고 싶은 마음 또한 굴뚝같다. 민감해도 괜찮다. 민감성은 나쁘거나 잘못된 게 아니다. 민감한 사람들이 열등한 건 더더욱 아니다. 이 분명한 사실을 머릿속에 담아두고 이 책을 읽으며 민감함의 본질에 조금씩 다가가기 바란다.

때로는 가장 큰 잠재력을 가진 사람들이 자기 길을 발견하는 데 가장 긴 시간이 걸리기도 한다. 그들의 민감성은 양날의 검이기 때문이다. 민감함은 그들을 탁월하게 해주지만 삶의 고통에 더 취약하게 만든다. 삶의 목적을 늦게 발견한다고 벌을 받지는 않으니 다행이다. 영혼은 마감 시간이라는 걸 모르니 말이다.

_제프 브라운Jeff Brown, 《사랑하며 나아가기Love It Forward》 중에서

민감한 사람들은 뛰어난 능력을 갖고 있지만 삶의 고난을 더 힘겹게 느껴 더 많이 고통받는다는 말은 내게 큰 위로가 되었다. 이 말에는 민감한 사람들의 뛰어난 재능을 인정해주고 남들보다 더 힘들 수밖에 없는 민감한 사람들의 삶의 여정을 덤덤히 받아들일 수 있게 해주는 위력이 있다. 내 탁월함과 잠

재력을 스스로 인정하지 않고 왜 이리 힘들기만 하냐고 세상을 원망하던 내가 민감하기에 더 뛰어나고 그래서 더 힘들 수밖에 없었음을 받아들이게 된 것이다. 이제 나는 민감해서 더 행복하고 누구보다 더 생생하게 삶을 만끽하며 살고 있다.

아직도 우리 사회는 강하게 밀고 나가는 저돌적인 전사 타입에 더 주목한다. 그들이 보이는 자신감을 매력적이라 생각하는 것이다. 가는 곳마다 존재감을 과시하려는 듯 호전적인 태도로 무장한 사람들을 주변에서 어렵지 않게 만날 수 있다. 이렇게 쉽게 눈에 띄는 사람들 사이에서 민감한 사람들의 역할과 공헌은 잘 드러나지 않는다.

이는 화려한 뮤지컬 공연장의 무대 밑에서 아름다운 곡을 연주하는 오케스트라와도 같다. 배우들이 무대 위를 활보하며 스포트라이트를 받을 때, 공연 내내 곡을 연주하는 오케스트라는 무대 아래에서 자신의 역할에 충실할 뿐 관객의 시선을 받지 못한다. 보이지 않는 곳에서 맡은 일을 해내는 숨은 공헌자라고 해야 할까. 한편의 뮤지컬이 완성되려면 배우들뿐만 아니라 이들의 연기를 돋보이게 해주는 음악과 조명, 의상도 필요하다. 모두가 배우가 될 필요도 없고, 모두가 배우가 되기를 원하지도 않는다.

아직도 빨리빨리를 외치며 일단 덤벼들고 보는 사람들에게, 자기 확신으로 가득 차 다른 가능성은 보지 못하는 이들에게, 민감한 사람들은 그들이 감지 못하는 위험성을 알려주고 그들이 간과한 부분을 상세히 알려줄 수 있다. 이렇게 상생하며 상호 보완적 삶을 만들어가려면 우선 민감성이라는 기질의 가치와 소중함부터 깨달아야 한다. 내가 그랬듯, 이 책을 읽으면서 당신도 민감함이 삶에 어떤 선물을 주는지 알아가는 여정이 되길 바란다.

나는 왜
나보다
주변 사람들을
더
신경 쓰는가

"머리 얼마나 기르신 거예요? 꽤 긴데요."

"일 년 넘게 길렀어요."

"이렇게 많이 자르면 후회하실 텐데요?"

"네~ 괜찮아요. 오랜만에 단발로 변신하죠 뭐. 아, 머리카락은 버리지 마시고 저 주세요."

"네?"

나는 미용사에게 싱긋 웃어 보였다. 잘린 머리카락을 달라는 손님은 처음인가 보다. 머리카락이 왜 필요한지 궁금해하는 걸 보니 이유를 말해줄까 말까 잠시 고민된다. 이 정도 길이의 머리카락이면 모아서 팔거나 염색 연습을 할 때 쓴다는 말을 들은 것도 같다.

"머리카락 기부하려고 그동안 일부러 길렀어요. 소아암 환자들 가발 만들어주는 데 쓰인다고 하더라고요."

그제야 이해가 된 듯 미용사는 덤덤한 표정으로 머리카락 자르는 데 집중한다. 싹둑거리는 가위질 소리와 함께 머리카락이 바닥으로 떨어진다. 미리 준비해간 비닐봉지에 잘려나간 머리카락을 담아서 돌아오는 길에 뭔지 모를 뭉클함에 눈물을 글썽거렸다.

나는 그 아이들을 생각하고 있었다. 스탠퍼드 대학병원에서 의료 통역 일을 할 때 만났던 소아암 환자들 모습이 떠올랐던 것이다. 아픈 사람들이 모인 곳에서 누가 더 아프고 힘든가를 비교한다는 것 자체가 참 잔인한 일이지만, 나는 소아암 병동에 갈 일이 있을 때마다 유독 더 힘들었다. 작은 체구의 아이들이 참 많이도 아파했다.

병원에서 일하는 사람들에게는 흔하디흔한 일상적인 환자들 모습이 내겐 몇 달이 지나도 일상적으로 다가오지 않았다. 내 임무는 의료진과 환자 간의 의사소통을 도와주는 것이었지만 내 마음은 거기서 멈추지 않았다. 상태가 나빠진 환자를 보면 얼마나 고통스러울까 걱정했고, 어느 날 텅 빈 침대가 보이면 눈물부터 나왔다.

맡은 일을 사무적으로만 처리하는 의사와 간호사들 태도에 실망스러울 때도 있었다. 사실 의료인으로서 할 수 있는 일을 최선을 다해 하되 감정에 흔들리지 않는 것이 프로다운 모습이다. 하지만 외국 생활을 할 때 만난 한국인들이어서 그랬을까, 아니면 아픈 아이들이어서 그랬을까. 병원에서 일하는 동안 내내 나는 참 많이 안타깝고 허탈했다. 내가 해줄 수 있는 거라곤 아이들을 보며 웃어주고 최선을 다해 통역을 해주는 일뿐이었다.

내가 맡은 일을 성실하게 해내면서도 나는 마음이 편치 않았다. 퇴근 후에도 늘 마음이 무거웠고 일과 개인 생활을 분리하기가 힘들었다. 이렇게 신경이 온통 환자들에게 가 있는 동안 정작 내 마음과 기분은 신경 쓰지 못했던 것이다. 머리카락을 기부할 수 있다는 걸 알게 되었을 때 내가 하고 싶은 봉사가 이거였구나 싶었던 것도 아마 그때의 마음으로 돌아갔기 때문이었을 거다.

나는 항상 주변 사람들 일을 걱정하고 신경 쓰면서 살았다. 그리 가까운 사이가 아닌데도 내가 아는 누군가가 힘든 상황에 놓이면 얼마나 마음이 쓰이는지, 남의 문제에 내 에너지를 너무 많이 소비하면서 살았다. 그렇게 주변 사람들 문제에 신경 쓰다 지쳐갈 때쯤, 내가 왜 그럴 수밖에 없는지 알게 되었다. 민감한 사람들은 자기가 감당할 수 있는 것보다 더 많은 관심과 애정을 주변인들에게 쏟게 된다. 남만 생각하다 정작 자기는 돌보지 못하니 지치고 만다.

자기중심적이 아니다 보니 주변 환경과 사회적 이슈에 많은 관심과 에너지를 할애하게 되는데, 이 때문에 민감한 사람들은 개선되어야 할 부분을 남들보다 더 빨리 알아차린다. 주변 사람들이 처한 어려움부터 자신이 속한 조직의 비합리성, 나아가 우리 사회의 불평등에 이르기까지, 민감한 사람들은 신경 쓰이는 일이 참 많다.

타고난 공감 능력과 이타심

민감함 때문에 한동안 감정의 홍수에 휩쓸려 지낸 적이 있었다. 세월호 참사 때 밤낮을 가리지 않고 실시간으로 보여주는 사고 현장 영상 때문에 내 생활은 거의 마비될 지경이었다. 온 국민이 슬픔과 울분에 쌓여 있을 시기였으니 당연한 일이라고 생각할 것이다. 하지만 대다수의 사람보다 감각이 더 많이 발달되어 있는 민감인들은 사고 현장의 모든 소리와 이미지, 표현되지 않은 감정까지도 모조리 감지한다. 실제로 나는 바닷속으로 침몰하고 있는 세월호를 보면서 마치 내가 그 배 안에 갇혀 있는 듯한 갑갑함을 느꼈다. 아직 구출되지 못한 학생들이 있다는 기자의 멘트를 들었을 땐 마치 내가 그중 한 명인 것처럼 불안감이 엄습했다. 뉴스를 보면서 사고를 당한 이들의 심정을 생생하게 느꼈던 것이다.

회사에서 일하는 동안에도 사무실 텔레비전은 뉴스에 고정되어 있었고 점심시간에도 직원들은 온통 세월호 이야기뿐이었다. 하얀 천을 씌운 시신이 하나둘 들것에 실려 운반될 때, 사고 현장을 지키는 경찰이 몰래 눈물을 훔치는 것을 보았을 때, 나는 울음을 참을 수가 없었다. 오열하는 유가족들의 모습을 보면서 그들의 충격과 아픔이 내게 고스란히 전해졌다. 심장이 미어지고 눈과 목구멍에서 뜨거운 것이 솟구쳐 올라왔다. 뉴스를 틀어놓은 채 일은 일대로 처리하는 직원들 틈에서 나는 꺽꺽대며 숨죽여 울다 결국 화장실로 달려가야 했다. 한참을 울고 나서 퉁퉁 부은 눈을 한 채로 책상에 돌아가 앉았지만 일에 집중할 수가 없었다. 뉴스 때문에 우느라 일도 제대로 하지 못하다니. 직원들은 어처구니없어했다. 그렇게 또 나만 이상한 사람이 되었다.

보통 사람들은 아무리 충격적이고 안타까운 일이라도 자기와 직접적인 연관이 없으면 일상생활을 할 수 없을 정도로 크게 영향받지 않는다. 민감하지 않은 사람들은 뉴스에서 보는 사건사고나 주변 사람들에게 일어난 좋지 않은 일에 놀라거나 안타까워하긴 하지만, 그로 인해 감정적으로 무너져 힘든 시간을 보내지는 않는다. 하지만 민감한 사람들은 자신과 연관이 없는 타인의 불행에도 깊이 공감한다. 민감한 사람들은 주변에서 보이는 것, 전해 듣는 소식에도 쉽게 감정이입이 되기 때문이다. 분명 남의 일이지만 그 일을 겪는 사람의 심정이 어떨지

가늠이 되고 또 얼마나 고통스러울지 느껴지니 민감한 사람들은 남의 일도 꼭 내 일처럼 생각한다. 더군다나 세월호 참사처럼 충격의 강도가 높고 미디어 노출이 집중된 사건이라면 뉴스를 보고 듣는 내내 평정심을 유지하기란 정말 힘들다.

민감인의 높은 공감 능력은 남을 위로하고 보듬어주는 데 큰 역할을 한다. 하지만 정작 자기 마음의 평화를 유지하기는 어렵다. 타인의 아픔을 잘 이해하고 헤아리는 민감한 사람들은 조금은 이기적이 될 필요가 있다.

이제 나 자신도
보살펴주기를

민감인은 강한 이타심과 이해심을 타고난다. 거기다 타인의 고통에 쉽게 감정이입을 하니 민감인은 주변에서 일어나는 온갖 사건사고와 불행에 깊이 영향을 받을 수밖에 없다. 따라서 의식적으로 자기를 먼저 생각하지 않으면 남을 위하다가 정작 자기 자신은 챙기지 못하고 만다. 아무리 이기적이 되려고 해도 잘 안 된다. 나부터 챙기고 내가 원하는 게 뭔지를 먼저 생각하는 게 부자연스럽고 불편하기 때문이다.

어쩌면 이 글을 읽기 전까지는 남을 먼저 챙기고 남부터 걱정하며 살아온 자신의 모습을 깨닫지 못했을지도 모른다. 그렇다면 당신은 정말로 민감한 사람이다. 이젠 타인에 대한 배려와 애정만큼 민감한 자신도 따스하게 바라보고 보살펴주기

를, 내 우물의 맑은 물을 남들에게 모두 퍼주고 정작 나는 목마
른 일이 없기를 바란다. 민감해서 더 따스한 당신이 평안한 날
이 더 많아지기를 기원한다.

상대의
미묘한
감정까지
한눈에
파악하는
섬세함

여느 때처럼 지루하고 노곤한 날이었다. 창밖에는 보기만
해도 홀릴 듯한 선홍색 단풍이 샛노란 은행잎과 어우러져 장관
을 이루고 있었다. 바깥 풍경이야 어떻든 모든 직원이 온종일
자리에 앉아 컴퓨터만 바라보고 있었다.

당시 내가 일하던 직장은 이유를 막론하고 자리를 비우면
눈치를 주는 분위기였다. 잠깐 나가서 스트레칭을 하고 싶어도
자리를 지키고 앉아 있어야 했다. 사무실 공기가 건조해서 갈
증이 나도 물을 많이 마시면 화장실에 자주 가게 될까 봐 물조

차 마음껏 못 마셨다.

보고 싶지 않아도
보인다

그날도 굳건히 자리에 앉아 요리조리 고개를 돌리고 어깨를 움직이며 몸의 긴장을 풀고 있었다. 내 자리에서 보이는 사무실 풍경은 늘 변함이 없었다. 그런데 그날은 평소와 다른 광경이 내 눈에 들어왔다. 파티션도 없이 여러 팀이 한 공간에 있다 보니 옆의 팀 직원들의 동향까지 인식할 수 있었는데, 그날따라 내 시야에서 대각선에 앉아 있는 직원에게서 특이사항이 감지된 것이다.

그 남자 직원의 머리에 걸쳐진 두꺼운 헤드셋, 그리고 유달리 자주 주위를 두리번거리는 그의 머리통이 내 눈길을 끌었다. 아니, 나를 거슬리게 했다는 게 정확한 표현일 것이다. 내 눈은 모니터를 향해 있었지만 내가 감지하고 있는 시야에서 뭔가가 계속해서 움직이니 민감한 내 신경이 그쪽으로 향했던 것이다. 그걸 인식하고 있는 사람은 나밖에 없었다. 내 옆자리의 동료도 고개를 조금만 들면 그 광경을 볼 수 있는 위치에 있었지만 그런 움직임이 느껴지지 않는지 자기 할 일만 하고 있었다. 반면에 나는 모른 척 신경을 끄려 해도 잘 안 되었다. 평소에 안 그러던 사람이 왜 오늘따라 부산스럽게 두리번거리나 싶어 짜증이 났다. 집중력이 분산되고 신경이 곤두섰다.

계속 참고 앉아 있는 것보다는 잠시 바람이라도 쐬고 들어오는 게 좋을 것 같아 신선한 바람을 쐰 뒤 맑아진 정신으로 들어왔다. 내 자리로 돌아와 의자에 앉으려는 순간, 나는 보고야 말았다. 그가 무엇을 하고 있었는지 말이다.

'헉…… 오마이갓……. 뭐 저런 사람이 다 있어……?' 순간 나는 동공이 확장되면서 입이 크게 벌어졌다. 이게 정말 실화인가 싶어 그 자리에 얼어붙어 버렸다. 그는 야동을 보고 있었던 것이다. 모니터를 가득 채운 살색, 그리고 민망한 의상을 입은 여자들은 얼핏 봐도 그냥 영화가 아니었다. 헤드셋이 필요한 이유가 있었던 것이다. 업무시간에 몰래 야동을 보면서 음향효과까지 누리려는 것이었다. 혹시 누가 볼까 봐 조마조마한 마음에 주위를 두리번거린 이유가 거기에 있었다.

자리에 앉아 사무실을 둘러보았다. 모두 평소와 다름없이 업무에 집중하고 있었다. 정말 단 한 사람도 그쪽으로 시선을 돌리거나 이상한 낌새를 알아차린 이는 없었다. 아주 작은 변화도 눈치채는 내 민감한 성향이 이럴 땐 원망스럽기조차 했다. 그가 헤드셋을 끼고 있어도, 모니터에 가득 찬 영상이 업무와 관련 없는 것이어도, 내가 그걸 감지하지 못했더라면 그 어처구니없는 광경에 충격받는 일은 없었을 테니 말이다.

업무 시간에 야동을 보는 직장 동료. 그와 마주칠 때마다 헤드셋을 끼고 있던 모습이 떠올라 불쾌감과 함께 헛웃음이 나왔다. 아마 그는 아무도 몰래 쾌감을 만끽했다며 자기가 완전

범죄를 저지른 줄 알고 있을 것이다. 등 뒤에서 민감한 두 눈이 그 순간을 포착한 줄은 꿈에도 모르고 말이다.

미묘한 변화가 내 눈에 쉽게 띄는 건 사실 하루 이틀 일이 아니다. 민감한 기질을 가진 사람은 특별히 주의를 집중하거나 노력하지 않아도 남들이 눈치채지 못하는 세부사항을 잘 잡아내고 기억한다. 민감하지 않은 사람들은 이를 두고 뛰어난 관찰력, 꼼꼼함이라고 표현하기도 한다. 민감성이 강할수록 미세한 부분을 인지하고 사소한 변화까지도 알아차리는 능력이 있다.

아침에 출근했을 때 문득 책상 위의 모습이 어제와 달라진 게 감지된 적이 있었다. 뭐가 달라졌는지 알아차리는 데 몇 초도 걸리지 않았다. 내 눈은 가지런히 꽂혀 있는 책과 서류파일 틈에서 삐죽이 나와 있는 업무 수첩을 지나치지 못했다. 누군가 몰래 내 수첩을 훔쳐보고는 다시 꽂아놓은 것이다. 몰래 봤으면 흔적이나 남기지 말 것이지, 왜 그리 허술하게 뒤처리를 해놨는지…….

직감은
빗나가지 않는다

한때 사무실에 좀도둑이 있다는 소문이 돌면서 어수선했던 적이 있었다. 크게 값나가는 물건이 없어지는 건 아니었지만 직원들의 소지품이 종종 사라지곤 했다. 누구는 출장길에 면세점에서 사 온 명품 화장품이, 누구는 책상 위에 두었던 텀

블러가, 또 누군가는 지갑 속 현금이 없어졌다고 했다. 보안이 철저한 건물이라 외부인 출입이 불가능하니 다들 내부 사람 소행일 거라 짐작했다. 도대체 누가 남의 물건을 몰래 가져갈 생각을 하는 건지 모르겠다며 반드시 색출해내야 한다고 입을 모았다.

그때도 나는 좀도둑이 누구인지 짐작 가는 사람이 있었다. 소지품이 없어지면 물건 주인은 감정이 격앙되고 절로 목소리가 높아진다. 분명 어디에 두었는데 없어졌다며 이리저리 사무실을 둘러보면서 물건을 찾으러 다닌다. 다른 직원들도 이에 동요하며 웅성거린다. 점심시간이나 티타임 때도 다들 도둑질한 사람이 누군지 알아내고 싶어 안달이었다.

그런 직원들의 눈빛과 표정을 보면 말하는 사람의 감정과 마음 상태를 느낄 수가 있다. 실제로 놀라고 충격을 받아서 하는 말인지, 아니면 그런 일을 당한 사람이 상사나 선배라서 걱정해주는 척하는 건지, 속으로는 걱정되지도 않는데 아무 말 안 하고 있으면 혹시 도둑으로 오해받을까 봐 남들처럼 수선을 떠는 건지, 민감한 나는 한눈에 읽을 수 있다. 좀도둑이 누구인지 짐작이 갔던 것도 평상시에 감지했던 그 사람의 성향과 물건이 없어지고 난 뒤에 본 그녀의 언행 때문이었다.

그녀는 평소에 야무지고 싹싹하다는 평을 들었다. 선배들의 마음에 드는 행동이 무엇인지 잘 알고 적극적으로 실천하는

민감해서 더 뛰어나고, 그래서 더 힘든 사람들

유형이었다. 표면적으로는 분명 그렇게 보였다. 하지만 내 눈에 비친 그녀는 질투심이 많고 영악해서 거짓말을 잘하는 사람이었다. 말투와 억양에 실린 시기심, 눈빛과 입꼬리에 맺힌 비아냥이 느껴질 때면 나도 모르게 두려운 마음조차 들었다.

내 직감은 빗나가지 않았다. 어느 날 동료의 택배를 대신 받은 그녀가 주인이 오기 전에 몰래 택배를 열어보는 모습을 보게 되었다. 슬쩍 내용물을 확인하더니 티 나지 않게 봉해서 동료 책상에 올려놓고는 아무 일 없었다는 듯 자기 볼일을 보는 것이었다. 회식 자리에서 술을 많이 마신 선배를 챙기면서 인사불성이 된 선배의 가방을 열어보는 것도, 늦게까지 남아 야근하면서 일찍 퇴근한 직원의 책상 주변을 서성이다 서류를 들춰보는 것도, 모두 그 사람의 본질이 투영된 행동이었다.

내가 민감한 사람이 아니었다면 그녀의 나쁜 손버릇과 영악함을 알아채지 못했을 것이다. 사람이 아무리 표정 관리를 잘하고 상황에 딱 들어맞는 말을 하더라도 진정성이 없다면 그저 의례적인 말을 늘어놓고 있음을 직감으로 알게 된다. 민감한 사람이라면 자신의 직감이 잘 들어맞았던 경험이 있을 것이다. 민감한 사람은 남들도 다 자기처럼 미묘한 상황을 잘 파악할 것이라고 생각하며 산다. 적어도 자기가 남들보다 민감하다는 걸 깨닫기 전까지는 말이다.

하지만 전혀 그렇지 않다. 그 모든 건 민감성을 타고난 사람이기에 가능한 것이다. 남들 눈에는 포착되지 않는 그녀의 재빠른 손놀림, 없는 말을 지어내며 상황을 모면하려는 순간 보이는 미세한 표정 변화를 나는 분명히 감지했다. 그녀의 말에 담긴 가식, 그 차가움에 마음이 베일 것만 같았다. 다른 사람들도 이를 짐작하고 있으려니 했지만 전혀 그렇지 않았다.

그러던 어느 날, 생일을 맞은 동료의 남자친구가 사무실로 꽃바구니를 보낸 일이 있었다. 마침 동료가 자리를 비운 터라 내가 대신 받아 동료의 책상 위에 올려놓고 일을 하고 있었다. 옆에서 무슨 낌새가 느껴져 고개를 돌려보니 문제의 그녀가 부러운 눈으로 꽃바구니를 살펴보고 있었다. 내 시선을 눈치 못 챘는지 꽃바구니 안에 있는 카드를 몰래 열어서 읽어보고는 선물 상자를 들춰보고 있는 게 아닌가. 숨소리도 내지 않고 슬며시 한 행동이라 아무도 모를 거라 생각한 모양이다.

그때 다른 직원이 지나다 이 광경을 보게 되었다. 그 직원과 눈이 마주치자 문제의 그녀는 재빨리 하던 행동을 멈추었지만 이번에는 꼬리가 잡히고 말았다. 이야기를 전해 들은 꽃바구니 주인이 노발대발하며 따지기 시작한 것이다. 처음에는 핑계를 대며 잡아떼던 그녀도 몰래 열어본 뒤 다시 봉투에 넣어두지 못한 카드에 대해 설명하지 못했고, 결국 나쁜 손버릇이 들통나고 말았다.

민감한 사람은 미묘한 것을 잘 감지하고 작은 디테일까지도 한눈에 들어와 상황을 구체적으로 파악한다. 이는 민감성이 주는 선천적인 능력이다. 민감하지 않은 이들보다 더 많은 걸

민감해서 더 뛰어나고, 그래서 더 힘든 사람들

느끼게 되니 그만큼 생각이 많고 깊은 내면세계를 가질 수밖에 없다. 남들이 미처 생각지 못한 부분에까지 생각이 미치고 모두가 놓치고 지나가는 부분도 인식해 때로는 더 많이 피곤하고 스트레스를 받기도 한다. 하지만 위험 상황을 빨리 감지해 나를 보호하고 세부사항까지 고려하는 높은 준비성을 갖출 수 있다. 이런 타고난 민감인의 특성을 깨닫고 이것이 장점이 될 수 있게 잘 활용하는 것만이 자신의 민감성을 살리고 누리는 길이다.

너무
성실하고
양심적이라
고민이라면

　주말에는 직장인들의 코칭 세션 예약이 많아서 바쁘다. 오늘은 새로운 내담자를 만나는 날이다. 내담자는 자신의 사고방식 때문에 직장에서 조롱거리가 되었다며 조직 생활이 남들보다 더 힘든 이유를 알고 싶어 했다. 문이 열리고 그녀가 인사를 하면서 들어왔다. 선한 인상에 차분한 말투, 모나지 않은 성격의 그녀를 만났다. 많이 지쳐 있는 듯한 모습에서 그간의 고민과 피로감이 고스란히 전해졌다.

"행사가 많은 곳이에요. 방문객이 올 때마다 선물을 구매하고 상사가 출장 갈 때면 기관 홍보용 기념품도 만들어서 챙겨야 하고요. 기념품이랑 선물에 예산이 얼마나 많이 드는지 몰라요. 많이 사서 쌓아놓고는 상사가 바뀌면 또 다른 거로 다시 만들고. 이게 다 국민 혈세잖아요……."

공무원인 그녀는 전시행정과 예산 낭비에 죄책감을 느끼고 있었다. 조금만 생각해보고 계획을 좀 더 구체적으로 세우면, 아니 담당자가 조금만 더 발품을 팔면 같은 물건도 할인된 가격에 구입할 수 있는데, 그럴 의향이 없는 사람들을 보면 업무 태만 아닌가 싶은 생각이 든다고 했다. 실제로 그녀는 물품 구입 업무가 자신에게 맡겨졌을 때 비용을 줄이고자 애썼다. 서너 곳에 견적을 의뢰해 가격 비교를 하는 그녀를 보고 동료들은 한마디씩 했다고 한다.

"와우, ○○ 씨. 참 대단하네. 업무용 물품 사면서 무슨 돈 걱정을 다 해?"

"오, 신기하네. 돈 절약할 생각을 다 하다니. 자기 돈도 아닌데 무슨."

동료들은 마치 나랏돈 펑펑 쓰는 재미로 일하는 양 그녀를 비웃었다고 한다. 이런 일은 점점 더 자주 생겼다. 그러다 보니 자신의 사고방식이 이상한 건 아닌지, 자기가 공무원 조직에 어울리지 않는 사람인 건 아닌지 고민이라고 했다. 자신이 성실해서 비웃음을 사는 일이 있을 거라고는 생각조차 한 적이 없기 때문이었다.

처세와
도덕성 사이

나는 그녀의 이야기를 들으면서 민감성이 높은 사람에게서 나타나는 특징을 발견할 수 있었다. 그녀는 분명 민감한 사람이었다. 양심적이고 정직한 민감인의 특성이 업무 처리 방식에 고스란히 드러나 있었다. 민감하지 않은 사람들 눈에는 그녀가 필요 이상으로 열심이며 고지식하게 보였을 것이다. 동료들이 '내 돈도 아닌데 뭐. 어차피 잡혀 있는 예산인데 그냥 쓰면 되지'라고 생각할 때 민감한 그녀는 '내 돈이 아니라 나랏돈이니 낭비하지 말고 더 아껴야지'라고 생각했던 것이다.

민감한 그녀는 공무원 조직에서 쉽게 접할 수 있는 전시행정과 혈세 낭비를 보면서 양심의 가책을 느꼈다. 전임자가 한 대로, 동료들이 하는 식으로 똑같이 처리하자니 신경 쓰이는 부분이 한둘이 아니었을 것이다. 부조리한 조직 문화에 융화되어야 하고, 불합리한 업무 체계를 자신의 힘으로 바꿀 수 없다는 게 양심의 가책으로 느껴졌던 것이다.

회식이 있는 날이면 가방을 사무실에 두고 나갔다가 저녁을 먹고 시간을 보낸 뒤 다시 사무실로 들어와 야근 수당을 챙기는 것, 회사 전화로 사적인 용무의 국제전화를 거는 것, 일이 없는데도 주말에 사무실에 나와서 인터넷으로 영화를 보고 음악을 들으면서 휴일근무수당을 받는 것 등등 동료들이 자연스럽게 하는 행동을 그녀는 도무지 용납할 수가 없었다. 그들에게 뭐라고 말할 수는 없지만, 적어도 자신은 그들처럼 행동하지 않으리라 다짐했다. 하지만 조직 생활을 하다 보니 왠지 자신이 튀는 행동을 하는 것 같아 마음이 편치 않다고 했다.

민감한 사람은 남들보다 양심적이라 아주 작은 일일지라도 거짓이나 눈속임, 태만함을 용납하지 못한다. 엄밀히 말해 자신과 직접적인 연관이 없는 일이고 그저 시키는 대로 하면 되는 일일지라도 자신의 엄격한 도덕 기준과 양심이 작동하는 것이다.

민감한 사람의 정직함과 올곧음은 칭송받아야 할 좋은 성품이다. 다만 우리 사회가 이를 평가절하하고 민감성을 갖고 태어나는 사람이 소수다 보니 세상살이에 부적합한 성격이라는 말을 듣는 것이다. 이는 물론 민감하지 않은 다수의 사람이 자기들만의 기준으로 하는 말이라는 걸 다시 한번 상기할 필요가 있다.

그녀에게 민감한 사람들의 특징을 알려주었다. 그러자 그녀는 그간의 마음고생을 비로소 이해할 수 있게 되었다.

민감인은 정해진 규칙과 규율을 잘 지킨다. 그래서 그녀는 불필요한 야근과 휴일 근무를 금하라는 규칙대로 따랐다. 비록 남들은 야근 수당을 챙겨갔지만 말이다. 국제전화 요금이 많이 나오자 사유를 파악하려는 총무팀에 태연히 둘러대면서 이

후에도 국제전화 쓰는 걸 그만두지 않는 직원을 보면서 반감을 느끼기도 했다. 이 역시 민감한 사람으로서 당연한 반응이다.

민감하지 않은 사람들에겐 융통성과 처세술로 간주되는 것이 민감한 이들에겐 거짓말하는 것처럼 느껴지기도 한다. 사실 그대로를 말하지 않을 바엔 차라리 조용히 입 다물고 있는 게 마음 편한 이유가 여기에 있다. 민감인의 높은 도덕성은 강한 직업의식과 직업윤리와도 연관이 있다. 민감한 사람은 고유의 성실함과 도덕성으로 누구보다 책임감 있게 업무를 수행하기 때문에 투철한 사명감이 있는 사람이라는 평을 듣는다.

당신은 보기 드물게
믿을 만한 사람

당신은 누가 볼 때만 규범을 지키는 사람인가, 아니면 누가 보지 않아도 평소와 다를 바 없이 정해진 규칙을 지키는 사람인가? 대충, 은근슬쩍 넘어가지 못하는 타입은 아닌가? 앞서 얘기한 내담자의 이야기를 들으며 공감했다면 이제는 민감한 사람의 특성을 고민거리가 아닌 민감인 고유의 특별함으로 이해하고 받아들여야 한다. 그리고 누구보다 책임감 있게 일할 수 있는 조직의 일원이 될 수 있다는 사실을 인지하길 바란다. 정직과 성실, 강한 직업윤리로 무장한 민감인이야말로 요즘 세상에 보기 드물게 신뢰할 수 있는 사람이 아니겠는가.

언젠가 믿을 만한 사람을 찾는 누군가가 분명 민감한 당신을 찾을 날이 올 거라고 나는 믿는다. 평소에는 평가받지 못했던 당신의 가치와 소중함을 깨닫고 당신이 곁에 있어서 다행이라 말하는 사람이 생길 것이다. 물론 민감한 우리는 남들의 평가를 기대하며 의도적으로 성실한 모습을 보이려 노력하진 않지만 말이다. 남들이 보든 안 보든 우리는 항상 성실하기 때문이다.

이 세상의
아픔과
고통이
모두
내 것인 듯

　　햇살이 내리쬐던 어느 봄날 수업을 마치고 친구와 함께 집
으로 가는 중이었다. 산등성이에 위치한 학교라 그날도 등산하
듯이 오르락내리락 걷고 있었다. 길목에 나무가 많아 길고양이
와 강아지, 가끔은 개구리나 도롱뇽도 볼 수 있었다. 그날은 웬
일인지 저만치 아래 아이들이 잔뜩 모여 있었다. 웅성거리면서
서성이는 걸 보니 아무래도 무슨 일이 생긴 것 같았다.

　　"헉, 엄마! 어떡해! 큰일 났어……."

　　보자마자 심장이 쿵 하고 떨어졌다. 주체할 수 없이 눈물

민감해서 더 뛰어나고, 그래서 더 힘든 사람들

이 쏟아졌고, 결국 나는 바닥에 주저앉아 엉엉 울었다. 홀쩍거리는 아이들, 멍하니 서서 구경하는 아이들 틈에서 나는 몸까지 덜덜 떨며 울었다.

좁은 도로 한복판에 교통사고를 당한 고양이 한 마리가 쓰러져 있었다. 몸의 한쪽은 살아서 꿈틀대는데 나머지 한쪽은 납작해져 버린 모습은 너무나도 끔찍했다. 고양이는 날카롭게 비명을 지르고 있었다. 서서히 죽어가는 고통의 소리인지 주위를 둘러싼 인간들에 대한 경계의 소리인지 알 수 없었지만, 앙칼진 비명이 내겐 그저 애처롭게 들릴 뿐이었다.

가까이 다가가 뭐라도 해주고 싶었지만 다리가 후들거려 일어설 수조차 없었다. 시간이 얼마나 지났을까. 근처 상점 주인아저씨가 나타났다. 한 손에는 빗자루를 또 한 손에는 빈 사과 상자를 든 채 말이다.

"에이씨, 너희들 집에 안 가냐? 여기 이렇게 계속 서 있으면 안 돼. 가게 앞을 막고 서 있으면 어떡해!"

화가 난 아저씨는 빗자루로 고양이를 상자 안에 쓸어 담으려 했다. 고양이는 이빨을 드러내며 더욱더 사납게 비명을 질러댔다. 그 장면을 보고 있자니 심장이 터질 듯 아파왔다. 어떻게 죽어가는 동물을 저렇게 함부로 다룰 수 있단 말인가. 앙칼지게 저항하는 고양이를 아저씨는 빗자루로 밀고 또 밀어 넣었다. 그러다가 고양이가 상자에서 떨어졌다. 화가 난 아저씨는 마구 욕을 해대면서 거칠게 빗자루를 휘둘렀다. 마침내 고양이를 상자에 담은 아저씨는 전봇대 아래 쓰레기 더미에 상자를 툭 던지고는 사라졌다. 구경거리가 없어지자 아이들은 제 갈 길을 갔다. 지금도 친구의 부축을 받으며 집까지 울면서 갔던 기억이 생생하다.

그날 나는 큰 충격과 실망, 그리고 분노에 가까운 슬픔을 느꼈다. 죽어가는 동물을 학대한 어른에 대한 실망과 분노, 그 모습을 보고도 해줄 수 있는 게 아무것도 없었던 나에 대한 자책감이 밀려왔다. 그런 일을 당한 고양이가 가여워 견딜 수가 없었다.

나만큼 민감한 사람이라면 아마 이 이야기만 듣고도 분개할 것이다. 그 아저씨의 험악한 행동에 대해서, 그리고 상자 속에서 서서히 죽어갔을 고양이의 고통을 떠올리면서 말이다. 아니, 그에 앞서 사고 현장을 묘사하는 부분에서 이미 표정이 일그러지고 심장이 심하게 방망이질 쳤을 것이다.

민감한 사람은 세상에서 벌어지는 잔인하고 고통스러운 일에 매우 취약하다. 같은 장면을 보고 같은 일을 겪더라도 남들보다 더 많이 괴로워한다. 그것이 인간을 향한 것이든 동물과 자연을 향한 것이든, 민감한 사람들 시선에는 민감인 특유의 박애주의가 담겨 있다. 우리의 시선과 마음은 늘 사회적 약자와 학대받는 동물, 환경오염처럼 사랑과 존중이 필요한 곳을 향해 있다.

민감해서 더 뛰어나고, 그래서 더 힘든 사람들

자신이 민감한 사람이라는 걸 모르고 살았다면 어린 시절을 한번 떠올려 보라. 어디를 가든 소외된 친구들이나 몸이 아픈 사람들이 먼저 눈에 들어오고 마음이 쓰이진 않았는지. 강아지나 고양이를 유독 예뻐하진 않았는지. 어른이 된 지금도 사람들에게서 받지 못한 위안과 사랑을 동물과 함께할 때 느끼진 않는지 말이다.

또한 민감한 사람들은 자기도 모르게 육식보다는 채식에 더 끌리는 경우가 많다. 나는 물 먹인 소, 강아지 공장에 대한 뉴스를 보면서 인간의 잔혹함에 분개하곤 한다. 소에게 성장호르몬과 항생제를 먹여가면서까지 더 많은 고기를 얻으려고 하는 발상에도 동의할 수 없다.

어린 시절부터 나는 고기를 좋아하지 않았다. 어른이 되어서도 모임이나 회식 자리에 단골 메뉴로 등장하는 삼겹살, 족발, 보쌈 등을 한 번도 맛있게 먹은 적이 없다. 다들 즐기는 음식을 나만 별로라 할 수 없어 그저 다수에게 맞춰주었을 뿐이다. 회사에서는 메뉴 선택의 여지가 없다. 편안한 모임에서는 나만 다른 메뉴를 시켜 먹을 때도 있다. 남들이 곱창과 고기를 먹을 때 나는 옆에서 된장찌개를 먹는 식으로 말이다. 이럴 때마다 사람들이 항상 하는 말이 있다. "왜 이 맛있는 걸 안 먹냐, 고깃집에 와서 왜 딴 걸 시키냐, 싫으면 다른 데 가자고 진작 말하지 그랬냐……." 난 이들의 질문에 뭐라고 대꾸해야 할지 아직도 잘 모르겠다. "고기를 안 좋아해요. 비린 걸 잘 못 먹어요.

그게 왜 맛있는지 모르겠어요." 이렇게 대답해봤지만 사람들이 가지는 의문엔 끝이 없었다. 우리 사회는 아직 음식 선택마저 자유롭지 못할 정도로 개인의 취향을 존중하지 않는다.

육식을 즐기는 사람들에게 제발 고기 좀 먹지 말라고 강요하지 않듯이, 채식하는 사람들에게 왜 채식을 하냐며 신기한 듯이 쳐다보지 않았으면 좋겠다. 사람마다 즐기는 음식, 즐기지 않는 음식이 있고, 또 나름의 이유가 있어서 선택한 식생활이니 존중해주었으면 하는 바람이다.

민감한 사람 중에는 가축도살에 대한 반감 때문에 채식주의를 선택한 사람도 있다. 도살장에 끌려간 동물은 도축 당하기 전에 극심한 공포와 슬픔을 느끼고 죽는 순간까지 고통받는다. 이런 감정 에너지가 고스란히 서려 있는 고기를 먹게 되면 민감한 사람은 그 영향을 받게 된다. 도살 당시 동물이 느꼈던 감정이 담긴 고기가 몸속으로 들어가면 기분이 저조해지거나 화가 나는 등 부정적 마음 상태가 되기 쉽다. 내가 만난 상담사는 우울증이 있는 사람에게는 채식을 권유한다고 한다.

매우
민감한
사람들이
타고난
재능

민감성을 갖고 태어난 사람들 중에서 민감함이 유독 더 강한 사람들이 있다. 편의상 이들을 '초민감인'이라고 부르겠다. 앞서 설명한 민감한 사람들의 특징을 모두 가진 동시에 그들을 더욱더 민감하게 만드는 요인이 있는 것이다. 초민감인은 강한 직관력을 갖고 있으며 에너지를 잘 느끼고 흡수하는 영적 체질을 가지고 태어난 사람이다.

초민감인은 그 누구보다 강한 직관력을 갖고 있어서 소위 말하는 '촉'과 '필'이 잘 들어맞는다. 자신의 감을 믿으면 되는 것이다. 모두가 빙산의 일각만 볼 때 초민감인은 물속에 잠겨 있는 빙하까지, 전체를 다 보고 감지하는 사람이다. 사람들이 물 위에 떠 있는 오리의 모습만 볼 때 초민감성을 타고난 사람은 겉으로 드러나지 않는 물 밑의 오리발까지 볼 수 있다. 또한 사람들의 에너지, 살아 있는 동물과 식물의 생체에너지를 느끼고 자기 몸으로 흡수한다. 이는 대부분의 사람과는 달리 초민감인에게는 에너지에 대한 방어막이 없기 때문에 나타나는 현상이다. 타인과 나의 에너지에 경계가 없기에 다른 사람의 에너지를 느끼고 흡수하는 것이다.

에너지를 '기'라고도 표현한다. 사람의 에너지에는 감정, 마음 상태, 심장 박동, 신체 느낌 등 그 사람의 상태에 대한 정보가 담겨 있다. 이런 에너지를 감지하고 흡수한다는 것은 상대의 감정 상태와 몸의 컨디션, 속마음, 감정 등을 고스란히 파악할 수 있다는 의미다. 즉 상대의 의중과 진심을 쉽게 알아챌 수 있다는 말이다.

사람들과 대화하면서 '사실은 그게 아닌 것 같은데…… 속마음이랑 다른 말을 하네……'라는 느낌을 자주 받는가? 그걸 다른 이들에게 말했을 때 아무도 동의하지 않아 나만 이상한 사람 취급받은 적이 있는가? 모두가 칭찬하는 사람인데도 당신은 그 사람에게서 뭔가 꺼림칙하고 불안한 기운을 느끼는가? 그렇다면 당신은 에너지를 잘 느끼는 사람일 가능성이 높다. 아무도 느끼지 못하는 것을 감지한 것일 테니 말이다. 이렇게 상대의 에너지를 잘 느끼는 이들은 동식물과 교감하는 능력 또한 뛰어나다. 동물과 쉽게 친해질 뿐만 아니라 자신이 기르는 반려동물의 상태를 잘 파악하는 사람, 식물을 가까이할 때 힐링 에너지에 큰 도움을 받는 사람, 이런 이들은 초민감인이다.

기가 센 사람과 함께 있으면 불안한 이유

사람에게서 에너지를 잘 느낀다는 것은 어떤 사람과 함께 있느냐에 따라 감정과 컨디션이 크게 영향받는다는 뜻이다. 심지어 함께 있는 사람들의 감정을 느끼다 보면 정작 내 감정이 어떤 건지 구분하기 어려울 때도 있다. 기가 세고 거친 사람들이 주변에 있으면 불쾌하고 불안해지기도 한다. 그래서 초민감인들은 민감성을 지닌 사람들과 함께 있거나 혼자 있을 때 가장 평화롭고 마음이 안정된다. 이를 대인기피증이나 불안장애라고 생각하고 약 처방을 받는 사람들도 있는데 병원에 가기 전에 자신이 혹시 초민감인은 아닌지 확인해봤으면 좋겠다. 자신이 힘든 것이 질환 때문이라면 당연히 치료를 게을리해서는 안 될 것이다. 하지만 실제로 초민감인들 상당수가 자신의 민감함과 에너지의 역학관계를 파악하지 못해서 힘들게 살고 있는 게 현실이다.

서양에서는 초민감인을 이타심과 사랑이 많은 타고난 치

유사라고 표현한다. 함께 명상을 배울 때도 남들보다 쉽게 명상 상태로 들어가고, 기도하면 빨리 응답을 받는 사람이라고 하면 쉽게 설명이 될는지 모르겠다.

전 세계 인구의 약 15~20%는 민감한 사람들이다. 이 중에 4% 정도가 초민감한 사람들인데, 이들이 타인의 속마음을 읽을 수 있다는 과학적 근거가 없기 때문에 학계에서는 초민감한 사람들에 대한 연구는 하지 않고 있다.

일레인 아론 박사의 말이다. 민감한 사람들보다 더 강한 자극을 견디면서 살고 있는 초민감인에 대해 논하는 것은 아론 박사의 말처럼 학문의 틀을 벗어나는 일이다. 초민감인에 대해 이야기하려면 영적인 부분을 빠뜨릴 수 없고, 영성에 대해 이야기하는 것이 얼마나 조심스러운 일인지 알고 있기에 섣불리 말을 꺼내기가 어려운 것이 사실이다. 자기와 종교적 신념이 다른 사람의 말을 듣고 화부터 내는 사람이 얼마나 많은가. 종교 단체에 소속된 신자가 아니면 영적인 삶을 살지 않는다고 생각하는 이들도 있지 않던가.

이렇듯 논란의 여지가 있는 '영성'이라는 부분을 여기서 짧게나마 언급한 것은 초민감인의 삶에선 영적인 부분이 차지하는 비중이 크기 때문이다. 초민감인은 기도와 명상, 요가 수련 등 영적인 부분을 삶 속에 들여놓을 때 비로소 마음의 안정과 평화를 얻을 수 있다. 영적인 체질임을 모르고 살았다면 아마 더 큰 변화를 체험할 수 있을 것이다.

갈수록 험악해지고 사건 사고가 많은 메마른 세상에서 보고 듣고 경험하는 모든 걸 가장 심도 있게 느끼는 4%의 사람들. 너무나 민감하기에 가슴 아픈 일이 많고 걱정거리도 많지만, 이 또한 그들의 넘치는 사랑과 치유 본능, 따스한 인간애 때문은 아닐까. 이들이야말로 세상을 더 살 만한 곳으로 만들기 위해 태어난 사람들임이 틀림없다.

2.장

민감해서
삶이
고달픈
당신을 위한
심리 처방

타인보다
나를 먼저
챙기는
연습

　　토요일 저녁 왁자지껄한 홍대 앞 호프집. 동호회 모임을
끝낸 우리는 함께 모여 뒤풀이 중이었다. 지하철이 끊기기 전
에 자리에서 일어나려는 나를 자꾸만 망설이게 하는 사람이 있
었다. 친하게 지내는 동생이 그날따라 술을 많이 마셔서 아무
래도 혼자 집에 가게 하면 안 될 것 같았다.

　　"내일이 내 절친 결혼식이야. 지방까지 가야 해서 오늘은
일찍 가봐야 해. 내가 부케 받기로 했거든. 그러고 보니 아직 기
차표 예약도 안 했네. 까먹지 말아야 할 텐데."

민감해서 삶이 고달픈 당신을 위한 심리 처방

이렇게 말했던 동생이 술이 거나하게 취해서 내일 일은 까맣게 잊고 있는 것이었다. 나는 기차표 예약 안 해도 되냐고 이미 한번 물어본 터였다.

"응? 아, 맞다. 해야지."

그러고는 또다시 웃고 떠들며 노는 데 정신이 팔렸다.

'저러다가 내일 결혼식 못 가면 어쩌려고 그러지. 부케도 받기로 했다면서. 만약에 늦으면 친구 결혼식에 지장을 줄 텐데…….'

나는 동생 일이 마치 내 일인 것처럼 신경 쓰여서 그 자리를 마냥 즐길 수가 없었다. 밤이 깊어갈수록 갈 생각도 안 하고 술 마시며 노는 동생을 보면서 술에 취해 인사불성인 아이를 혼자 놔두면 안 되겠다는 생각과 함께, 내가 대신 기차표를 예매해놓는 게 좋겠다고 마음먹고 있었다.

"얘, 정신 좀 차려봐. 술 많이 마셨는데 이제 집에 가야지. 내일 결혼식 가야 한다면서……. 표 예매 안 해? 내가 대신해줄까?"

그때 옆에서 지켜보던 한 친구가 어이없다는 듯 나를 쳐다보며 말했다.

"야, 쟤 기차표를 왜 네가 챙겨? 정작 가야 할 사람은 아무 생각 없는데. 누가 보면 친자매인 줄 알겠다 야."

순간 나는 당황했다. 거기 모인 사람 중에 그 동생을 그렇게까지 걱정하고 신경 써주는 사람은 나 말고 아무도 없었다. 나는 왜 다른 사람들처럼 그 자리를 즐기지 못하고 남의 일에 마음이 쓰여 온갖 걱정을 하는 걸까. 그런 내 모습이 나도 이해가 되지 않았다. 여전히 그 동생 일이 걱정되고 머릿속에서 떠나지 않았지만 찝찝함을 뒤로 한 채 나는 집으로 돌아왔다.

심리적 안전거리를
유지할 것

다음번 동호회 모임에서 그 동생을 만났다. 얼굴을 보자마자 그때 일이 떠올랐다. 지난번에 집엔 잘 들어갔는지, 결혼식은 잘 다녀왔는지 궁금했다.

"결혼식이요? 아 그거 못 갔어요. 그날 술 먹고 홍대에서 밤새 노는 바람에. 친구한테 못 간다고 전화하고 종일 집에서 잤어요."

나는 어안이 벙벙했다. 그렇게 별거 아닌 일이었단 말인가. 그럼 그 신부는 누구한테 부케를 받아달라고 부탁했을까. 애초에 갈 생각이 없는 결혼식이었던 걸까. 정작 당사자에겐 대수롭지 않은 일인데 왜 나는 그렇게 신경이 쓰였던 걸까.

어쩌면 저렇게 아무 일도 아닌 듯 넘어가는 상황을 다행이라고 여겨야 할지도 모른다. 왜 나를 더 챙겨주지 않았느냐고, 나는 기억을 못 했지만 너는 분명히 기억하고 있었으면서 왜 내게 알려주지 않았냐며 원망의 소리를 들을 수도 있는 일이었다. 실제로 그렇게 적반하장으로 나오는 경우를 겪은 적도 있다. 그럴 때면 이유도 모를 미안함에 시달려야 했다. 내가 좀 더 잘 챙겨줬더라면 상대가 나한테 화를 내는 상황이 발생하지 않았을 거라며 자책했던 것이다.

남을 도와주고 대신 문제를 해결해주려는 마음이 강한 것, 이게 바로 민감한 사람들의 특징이다. 우리는 자기도 모르게 타인의 일과 걱정거리를 떠안는다. 타인의 고통과 감정에 잠식되지 않기 위해 기억해둘 것이 있다. 민감한 사람들은 그 누구보다 심리적 안전거리를 두는 연습이 더 절실하다는 점이다. 타인의 우울, 슬픔, 고통스러운 마음을 감지하고 그 절절함을 느꼈다 할지라도 그것이 내 책임이 아니라는 걸 분명히 기억해두어야 한다. 연민의 정과 이타심으로 상대를 보듬고 감싸줄 수는 있지만 그 사람의 고통을 없애주기 위해 내가 꼭 무언가를 해주어야 하는 건 아니라는 것이다. 타인의 감정과 삶의 과제까지 내가 책임질 필요가 없음을 깨닫게 되면 감정의 소용돌이에서 빠져나오기가 좀 더 수월해진다.

중학교 때 일이다. 우리 반이 중간고사에서 꼴찌를 했다고 뿔이 난 담임선생님이 반 전체를 체벌한 적이 있다. 나는 반에서 1등을 했고 전교 석차 10등 안에 들어가 그나마 담임의 체면을 세워줬다는 이유로 혼자서만 체벌에서 제외된 상황이었다. 50명이 넘는 반 아이들 모두 의자를 들고 벌을 서는 동안 나만 제자리에 앉아 있어야 했다.

"이 돌대가리 새끼들. 다들 걸상 들어! 머리 위로 높이 올려!"

나는 아직도 그때 그 교실 안 장면과 아이들의 표정, 그리고 내가 느꼈던 감정까지 생생히 기억난다. 우리 반이 꼴찌를 한 게 그렇게 화낼 일이었을까. 성적순으로 줄을 세워놓으면 으레 일등 반과 꼴찌 반이 나올 수밖에 없지 않은가. 자기 반이 꼴찌를 했다고 아이들을 돌대가리라고 부르며 벌을 세울 필요까지 있었을까. 그런다고 석차가 바뀌는 것도 아닌데 말이다.

반에서 1등을 했고 전교 석차도 좋았으니 나는 기분이 좋을 법도 했건만 이상하게 그렇지 않았다. 오히려 나만 이렇게 앉아 있으면 안 되지 않는가 하는 생각에 마음을 졸여야 했다. 무거운 의자를 들고 끙끙거리는 친구, 안 그래도 성적이 좋지 않아 기분도 안 좋은데 돌대가리라는 말까지 듣고 얼굴이 시뻘게진 친구, 벌서면서 서럽게 우는 친구, 입이 주먹만큼 나와 들릴 듯 말 듯 욕을 내뱉고 있는 친구. 나는 그들의 표정을 살피면서 그들의 기분을 읽고 있었다. 평소에 자존심이 강해 친구가 별로 없었던 반장은 새침한 얼굴로 나를 흘겨보았다. 모두의 표정과 태도에서 뿜어져 나오는 부정적 감정이 교실 안을 가득 메웠다. 나만 혼자 이렇게 앉아 있는 것이 미안했다. 내가 성적이 잘 나온 게 남에게 피해를 줄 일도 아니고 친구들이 나 때문에 벌을 서는 것도 아니었지만 꼭 내가 뭔가를 잘못한 것 같아 괴로웠다.

수업이 끝나고 집으로 돌아가는 길에도 나는 친구들에게

무슨 말을 해야 좋을지 몰랐다. 그저 마음이 불편하고 혼자만 벌을 서지 않은 것에 대한 죄책감 같은 게 들 뿐이었다.

"야, 넌 좋겠다. 편하게 앉아 있었으니까."

벌을 선 게 아직 분이 풀리지 않았는지 씩씩대던 친구가 나를 보며 한마디 쏘아붙였다. 나는 아무 대답도 하지 못했다. 그 분노가 담임을 향한 것이었는지 1등을 한 나를 향한 것이었는지 모르지만 왠지 가까이 있는 내게 화풀이하는 것처럼 느껴졌다. 내가 1등 했다고 우쭐대도 아무도 뭐라 하지 못할 판에 마음이 무겁게 가라앉기만 한 이유는 뭐였을까.

바로 심리적 안전거리를 유지하지 못했기 때문이었다. 벌 서고 있는 친구들의 감정을 그대로 내 것처럼 느끼니 앉아 있는 내내 기분이 가라앉고 우울했다. 거기다 질투와 분노에 가득 찬 눈빛으로 나를 흘겨보는 친구까지 있었으니 불안감이 몰려왔고 가시방석에 앉은 것처럼 그 자리가 힘들 수밖에 없었던 것이다.

벌을 서는 친구들의 분노, 짜증, 슬픔의 감정은 온전히 그들의 것이다. 그런 감정을 느낄 만하다고 이해하는 것까진 괜찮다. 하지만 나는 이해와 공감의 차원을 넘어 친구들의 부정적인 감정을 모조리 다 흡수한 채 정작 자신의 감정은 무엇인지 알지 못했다. 1등을 했으면 즐거울 것이고 집에 가서 부모님께 칭찬받을 생각에 들떠 있어야 하지 않는가. 하지만 타인과의 심리적 경계가 없고 심리적 안전거리를 유지하지 못했기에 내가 이룬 성과에 기뻐하지도 자랑스러워하지도 못했던 것이다.

남 걱정하느라
자신을
잃어버리지 말 것

민감한 사람들은 항상 남의 기분과 남이 필요로 하는 것이 뭔지부터 살피고 거기에 맞춰주는 게 우선이다. 우리는 이러한 패턴을 알아차리고 타인에게로 쏠린 내 감정을 내게로 돌리는 연습이 필요하다. 처음에는 아주 힘들고 부자연스러운 일처럼 느껴질 것이다. 남을 도움으로써 느끼는 행복감이 크고 늘 그렇게 살아온 만큼 시선을 내게로 돌려 나를 먼저 돌보는 게 이기적으로 느껴질 수도 있다. 하지만 내 몫의 근심 걱정뿐 아니라 내 주변 사람들의 삶의 무게까지 감당하다 보면 결국 지쳐 쓰러지는 날이 오고야 만다.

나 또한 항상 남에게 맞춰주고 상대를 기쁘게 해주고 싶은 마음에 상대가 필요로 하는 것부터 챙기곤 했다. 그럴수록 심신은 피폐해져 갔지만 그저 익숙한 방식대로 살아갔다. 나를 위하고 나를 지키는 게 어떤 것인지 알지 못했던 것이다.

민감인은 자기도 모르게 타인의 고통을 자신의 고통으로 내면화한다. 그래서 힘들어하는 사람들을 도와주고 그들의 짐을 덜어주려 애쓴다. 내가 건넨 위로와 격려로 상대의 마음이 밝아지는 걸 보면서 느끼는 행복감과 따스함은 민감한 사람이 살아가는 원동력이기도 하다. 하지만 타인에게 친절한 만큼 이제는 나 자신에게 아량을 베풀고 나를 도와줄 차례다. 자신에게 부드럽고 친절할 것! 지금 내가 원하는 것과 필요로 하는 것이 무엇인지 내 마음을 들여다볼 것! 무엇보다 남을 위하고 걱정하느라 자신을 잃어버리지 말 것! 이를 잊지 않고 실천에 옮기는 데는 시간과 연습이 필요하지만 민감한 사람으로 세상을 살아가는 데 꼭 필요한 셀프케어 방법이기도 하다.

거절해도
괜찮다

신이시여, 제게 스스로의 힘으로 바꿀 수 없는 것을 받아들이는 평온한 마음과 바꿀 수 있는 것을 바꾸는 용기를 주시고 그 둘을 분간할 수 있는 지혜를 주소서.

신학자 칼 폴 라인홀드 니부어Karl Paul Reinhold Niebuhr가 쓴 〈평온을 비는 기도〉의 한 대목이다. 인간관계에 심한 염증과 회의를 느끼면서 이러지도 저러지도 못하고 괴로워하던 시기에 내게 찾아온 선물과도 같은 기도문이다.

민감해서 삶이 고달픈 당신을 위한 심리 처방

핸드폰이 울릴 때마다 발신자가 누구인지 확인하며 이 전화를 받을까 말까 고민하던 시절. 그렇게 내게 독이 되는 관계들을 끊지도 못하고 개선하지도 못한 채 숨 막혀 하던 당시의 내 모습이 생각난다.

제사 준비로 바쁜 설날 아침이었다. 조용하던 집이 북적거렸다. 조카들이 장난치며 뛰어다니는 소리에 거실에 켜놓은 텔레비전 소리까지, 그렇지 않아도 정신없는 명절날 아침 핸드폰이 울렸다. 주방에서 음식 준비를 돕던 중이라 받을 수가 없었다. 연휴에 회사에서 연락 올 일도 없었으므로 신경 쓰지 않고 하던 일을 계속했다. 핸드폰 벨 소리가 끊기는가 싶더니 연달아 서너 번 더 전화벨이 울렸다. 무슨 급한 일로 연락했나 싶어 확인해보니 친구 전화였다. 결혼한 친구라 명절에 바쁘겠거니 했는데 나한테 여러 번 전화해 무슨 일이 생겼나 싶어 걱정되기 시작했다. 나는 하던 일을 멈추고 친구에게 전화를 걸었다. 내 얼굴은 이미 수심으로 가득했다. 별일이 있지 않고서야 이렇게 여러 번 연락할 리 없지 않은가.

"여보세요?"

"어~ 지은아! 야, 너 왜 이렇게 전화 안 받아? 지금 바빠?"

"어…… 너 무슨 일 있어?"

"그게, 있잖아~ 너 오늘 휴일이라 쉬지? 우리 애 영어 에세이 좀 봐달라고. 네가 하면 빨리하잖아. 우리 애가 몸이 안 좋아서 그러거든. 네 이메일로 보내놨어.”

“……뭐라고……?”

“한 페이지밖에 안 돼. 그거 그냥 영어로 옮기기만 하면 돼. 오늘 중으로 할 수 있지?”

“…….”

순간 나는 머리를 크게 한 방 얻어맞은 것 같았다. 영어로 먹고사는 직업 탓에 그렇지 않아도 여기저기서 개인적인 부탁이 들어오기 일쑤였다. 비용을 지불하겠다는 것도 아니고 밥한 끼 사줄 테니 그냥 좀 해달라는 요구가 대부분이었다. 본인이 사적으로 필요한 것부터 자기 친구나 아이들이 필요한 것, 잘 보여야 하는 거래처 직원 일까지……. 자기 애가 푸는 문제집을 갖고 와서 업무 시간에 설명해주길 바라는 사람이 있는가 하면 업무가 바쁘면 점심시간에 봐주면 되지 않냐며 숨통을 조이는 경우도 허다했다. 이런 상황이 반복되다 보니 나중엔 밥같은 거 안 사줘도 좋으니 제발 공과 사를 구분해줬으면 하는 마음이 간절했다.

내가 바꿀 수 있는 것과 없는 것

이미 친구의 부탁을 여러 번 들어준 게 화근이었다. 기꺼이 도와주고 싶었던 내 마음은 이젠 내 선의가 이용당하고 있다는 느낌이 들었고 더는 이런 상황에 놓이고 싶지 않다는 생각으로 이어졌다. 그렇지만 당연히 내가 도와줄 거라고 생각하는 친구에게 단호하게 거절하지도 못한 채 망설이고만 있었다.

전화를 끊고 음식 준비를 하면서도, 제사를 지내고 조카들과 놀아주고 뒷정리를 하면서도, 나는 너무나 속이 상했다. 당연한 듯 쉽게 부탁하는 친구의 모습과 이건 아니다 싶으면서도 내 입장을 설명하지 못하는 내 모습이 머릿속에서 뒤엉켜 마음이 편치 않았다. 저녁 무렵 친구에게서 메시지가 왔다.

'다 했어? 언제쯤 받을 수 있어?'

'에세이 점수가 중요해서 말이야. 신경 좀 써주라.'

바쁘게 명절을 보내고 다들 쉬고 있을 저녁 시간에 친구 딸의 영어 에세이를 대신 써줄 것인가, 더 이상 이런 식의 부탁은 들어주지 못하겠다고 내 입장을 정확히 전달할 것인가, 나는 둘 사이에서 고심했다. 이때 마음의 결정을 내리는 데 도움을 준 것이 바로 〈평온을 비는 기도〉였다. 지금 이 상황에서 내가 바꿀 수 있는 것은 무엇이고 바꿀 수 없는 것은 무엇인가. 그 친구의 태도와 사고방식은 내 힘으로는 바꿀 수 없는 것임이 분명했다. 바꿀 수 있는 건 바로 나 자신이었다. 상황에 대처하는 내 태도와 방식을 바꾸면 되는 거였다.

말보다 글로 내 생각을 더 명료하게 표현할 수 있음을 알기에 친구에게 메시지를 보냈다.

'오늘은 명절이라 온종일 바쁘고 정신이 없었어. 이제야 휴식 시간이 생겼는데 너무 피곤해서 쉬어야겠다. 오늘 같은 날은 급하게 연락해도 내가 부탁을 들어주지 못해. 일이 많아서 체력이 달리고 휴일에는 나도 쉬어야 하니까 이해해주었으면 좋겠어. 더 이상 개인적인 부탁은 나한텐 무리야.'

내가 이렇게 메시지를 보내자 친구는 크게 화를 내며 답장을 보냈다.

'그게 그렇게도 힘든 부탁이었냐? 솔직히 말해서 너한텐 엄청 쉬운 거잖아. 해주기 싫어서 안 하는 거지. 연휴인데 시간 내기가 힘든 것도 아니고. 하긴 애도 없는 네가 내 맘을 알 리 없지.'

오랫동안 쩔쩔매며 끌려다니던 관계는 그렇게 끝이 났다. 나는 친구가 내 입장을 이해해주고 그로써 관계가 개선되기를 바랐지만 그 친구는 결국 나와 멀어졌다. 이렇게 내 입장을 설명하고 항상 해주던 걸 그만두려고 할 때, 나를 이해해주거나 내 의사를 존중해주지 않는 이들이 있다. 그들은 도움이 필요할 때면 늘 날 찾지만 정작 내가 도움이 필요할 땐 시간을 내어주지 않았다. 힘에 부치는 걸 하나씩 거절하기 시작하니 그제야 보이는 게 있었다. 내가 어떤 모습이든, 어떤 삶을 살건 간에 여전히 나와 함께인 친구들이 몇 명 없다는 사실이었다. 나를 이해해주고 함께 해주는 친구보다 화를 내고 연락을 끊는 이들이 더 많았다.

독이 되는 관계는
끊는 게
최선

그렇게 친구를 잃고 나면 마음이 너무 아프고 모든 게 다 내 잘못인 것만 같아 죄책감에 시달리곤 했다. 수시로 친구들과 함께했던 시간들이 떠올라 울기도 했다. 그럴 때마다 그냥 내가 참으면 될 일 아니었을까 하며 수십 번씩 상황을 되돌아보기도 했다. 하지만 지금은 다르다. 내게 독이 되는 관계에 끌려다니며 괴로워하느니 힘들더라도 단호하게 거절할 수 있어야 내가 산다. 누군가 말했다. 남에게 No라고 말할 때 그건 곧 나에게 Yes라고 말하는 것과 같다고. 우리에겐 거절할 수 있는 용기가 필요하다. 그게 나를 지키고 자신을 존중하는 길이다. 내가 나를 존중하면 남들도 내게 함부로 하지 못한다는 사실을 나는 수많은 경험을 통해 알게 되었다.

〈평온을 비는 기도〉는 내 삶의 지침이 되었다. 인간관계가 버겁고 지칠 때면, 내가 처한 현실을 감당하기 힘들 때면 이 기도문을 떠올린다. 지금 내가 바꿀 수 있는 건 뭐고 바꿀 수 없는 건 뭘까 생각해보자. 내가 담담하게 받아들여야 할 현실은 무엇이고 내 노력으로 변화를 가져올 수 있는 부분은 어떤 것인지. 내 힘으로도 어찌할 수 없다는 걸 인정하면 놀랍게도 마음에 평화가 찾아온다. 내가 바꿀 수 있는 부분을 알아차리면 삶을 보다 능동적으로 살 수 있게 된다. 꼭 필요한 시기에 내게 선물처럼 나타난 이 기도문은 중심을 잡고 주체적인 삶을 살 수 있도록 나를 안내해주었다.

민감한
사람과
나르시시스트,
그 치명적
관계

　　토요일 오후 번잡한 쇼핑몰. 나는 종종걸음으로 사람들 사이를 요리조리 왔다 갔다 하고 있었다. 약속 시각에 5분이나 늦었다. 기다리는 걸 엄청 싫어하는 남자친구의 짜증 난 음성이 벌써 들리는 듯했다. 쇼핑몰에 사람이 너무 많아서 정말이지 정신이 하나도 없었다. 물건 구경하라며 소리 높여 외치는 판매직원들의 소리, 돌고래처럼 높은 피치로 소리 지르며 뛰어다니는 아이들, 가게에서 흘러나오는 음악 소리. 온갖 소리와 움직임을 느끼면서 급히 약속 장소로 향했다. 멀리서 그의 모습이 보였다. 굳게 닫힌 입술을 보니 이미 기분이 안 좋은 상태다.

"자기야, 나 왔어. 좀 늦었지. 미안 미안~."

더 화내기 전에 팔에 대롱대롱 매달려본다.

"왜 이제 와. 내가 얼마나 기다렸는지 알아? 오늘 시간 내기 얼마나 힘들었는데."

"응…… 미안해~. 자기 바쁜 거 알면서 내가 늦어버렸네. 대신 내가 커피 사줄게~."

남자친구는 커피 마시는 동안에도 스마트폰만 들여다봤다. 몇 주 만에 본 건데도 내 얼굴은 보는 둥 마는 둥 한다.

"……. 오늘도 일해야 돼?"

"응. 다음 주에 큰 계약이 하나 잡혀 있어서. 조금 있다 사무실 들어가 봐야 해."

"그렇게 바빠서 어떡해. 우리 거의 한 달 만에 보는 건데. 알고 있어?"

"그러니까……. 내가 이렇게 바쁜데도 힘들게 시간 내줬잖아. 늦게 오지나 마."

"……."

나는 엷은 미소를 지으며 그의 손을 잡았다.

"아, 잠깐만. 건드리지 마. 나 뭐 하고 있잖아."

그가 귀찮다는 듯 내 손을 뿌리쳤다.

"……."

내가 보고 싶은 마음이 있기는 있었던 걸까. 서늘한 바람이 내 마음을 스치고 지나간다. 그는 능력 있고 리더십 있고 자신감 넘치는 남자였다. 처음 만났을 때 저돌적으로 밀어붙이며 다가오는 그를 거절할 수 없었고, 나에게는 없는 카리스마가 매력적으로 보였다. 존재감 확실한 그와 있으면 나와 다른 기질을 가진 사람은 어떻게 생각하고 행동하는지 알 수 있어 좋았다. 그랬던 그가 변한 걸까. 아니면 내가 변한 걸까. 요즘은 왠지 나를 밀어내는 듯한 서늘한 에너지가 느껴진다. 나는 그에게 모든 걸 맞춰주고 있었다. 어쩌다 내가 빈틈을 보이는 날엔 이렇게 싸늘하고 신경질적인 그의 모습을 보며 미안해하고 당황해 어쩔 줄 몰라 했다.

나를
혼자 두고 가버린
남자친구

우리는 서둘러 식사를 하러 갔다. 나는 아직 기분이 풀리지 않은 그의 눈치를 보며 메뉴판을 보여줬다.

"뭐 먹고 싶어? 맛있는 거 먹자~."

나는 그의 표정을 살폈다.

"별거 없네 뭐. 난 그냥 이거."

"……."

음식을 주문하고 마주 앉아 있는 동안에도 우리는 아무 말도 하지 않았다. 그는 온통 일에 정신이 쏠린 듯 스마트폰만 봤고, 나는 오늘 괜히 만나자고 해서 바쁜 사람 귀찮게 했구나 싶어 미안했다. 직원이 음식을 가져왔는데 착오가 있었는지 내가 주문한 음식과 다른 게 나왔다.

"어…… 나 이거 안 시켰는데……."

"뭘 멍하니 있어. 그럼 제대로 달라고 해야지."

직원은 주문이 잘못 들어갔다면서 지금 다시 주문을 넣으면 시간이 꽤 걸릴 거라고 했다. 일이 바쁜 남자친구 때문에 음식을 기다릴 시간이 없었다.

"그럼 그냥 먹을게요."

"무슨 소리야? 왜?"

"시간 오래 걸린다잖아. 이거 먹어도 돼."

"넌 왜 자기주장도 못 하고 그렇게 어물쩍 넘어가냐? 주문한 게 잘못 나왔으면 직원한테 사과받고 빨리 내오라고 말해야지."

"……."

나는 민망해서 얼굴이 화끈거렸다. 옆 테이블의 남녀가 흘끔거리며 우리를 쳐다봤다. 이게 그렇게 훈계 들을 만한 일인가 싶어 속상했다. 내가 약속 시각에 5분 늦은 것 때문에 화가 나서 이러는 건가 싶었다.

"자기야…… 별일 아닌 것 가지고 꼭 그렇게 다그치듯 말해야 돼?"

"내가 뭐 어쨌다고 예민해져서 그래. 맨날 그렇게 예민해서 어떻게 살래. 울어라 또."

그 말이 떨어지기가 무섭게 내 눈에는 눈물이 고였다. 그렇게 직설적으로 말을 퍼부어놓고는 오히려 자기가 화가 난 듯 내 얼굴은 쳐다보지도 않았다. 결국 나는 울음을 참지 못했다. 사람들 이목이 집중될까 봐 고개 숙인 채 눈물을 흘려야 했다.

"그렇다고 진짜로 울어? 정말 어처구니없네. 창피해서 더는 여기 못 있겠다."

의자 미는 소리가 나더니 그가 일어섰다. 내 남자친구라는 사람은 울고 있는 나를 혼자 남겨두고 식당 밖으로 나가버렸다. 더 이상 혼자 앉아 있을 수 없어 밖으로 나갔다. 밖에서 기다리고 있나 싶어 연신 두리번거렸지만 그는 보이지 않았다. 나를 두고 혼자 가버린 거였다. 순간 심장이 내려앉으며 혼란스러워졌다. 내가 그렇게 잘못한 걸까.

그것은 분명
정서적 학대였다

한동안 우리는 서로 연락도 하지 않았다. 내 마음을 진정시키고 현 상황을 되짚어볼 시간이 필요했다. 그리고 인정하기 싫었지만 계속해서 떠오르는 '정서적 학대'라는 말을 그와 나의 관계에 빗대어보았다. 자기애가 강하고 타인의 입장이나 감정에 공감하지 못하는 남자와의 관계는 분명 내게 정서적 학대로 다가왔다.

어디서부터 잘못된 걸까. 그와 함께한 시간을 되돌아보고 그로 인해 아팠던 상황들을 천천히 곱씹어보았다. 그 사람을 처음 만났을 때가 생각났다. 그는 지적이고 언변이 좋아 어디서든 주목받는 사람이었다. 적극적이고 리더십 있는 모습은 다른 이들의 관심을 끌기에 충분했다. 그는 자신의 매력을 잘 알고 있었고 사람들로부터 받는 관심을 즐기는 자신만만한 사람이었다. 자기 관리를 잘해 멀끔한 외모에 호감 가는 인상을 주는 남자. 그렇게 괜찮은 남자와 만나면서 나는 왜 정서적으로 학대받는다는 느낌이 들었던 걸까.

그와의 관계가 계속될수록 내가 고민했던 것은 깊이 있고 친밀한 대화의 부재였다. 일상적인 대화와 가벼운 농담도 좋지만 힘들 때 속내를 털어놓고 위로받고 싶은 내 심정을 그는 헤아리지 못했다. 우리는 분명 연인이었지만 둘만의 비밀이나 은밀함, 따스함 같은 건 없었다. 시간이 지나면 생길 거라 기대하며 관계를 지속해나갔지만 내 안에서는 정서적 교감이 없는 관계에 대한 회의감만이 자라나고 있었다. 말수가 적은 나는 그의 말을 듣는 게 재미있었다. 하지만 자기 이야기만 할 뿐 내 의견이나 안부를 궁금해하지 않는 그를 보면서 세상이 자기중심으로만 돌아가고 있는 그에게 내가 맞춰주고 있다는 생각밖에 들지 않았다.

의견 차이가 생길 때면 말로 풀려 하지 않고 싸늘해지는 그의 모습에 심지어 두려움과 불안감이 몰려올 때도 있었다. 내 민감함과 내면세계의 깊이는 그에게 이해 불가능한 대상이었다. 논리와 사실에 입각해 세상을 사는 그와 감정과 직관을 통해 세상을 느끼는 나는 공통분모 하나 없는 너무도 다른 사람이었다. 내 본연의 모습을 이해받지 못했으니 결국 나는 있는 그대로 사랑받고 존중받지 못했던 것이다.

오랜 고민 끝에 나는 그와 이별하기로 마음먹었다. 함께 있을 때 상대의 기분을 살피느라 진이 빠지고 마치 살얼음판 위를 걷는 것처럼 조마조마한 이 관계는 의미 없어진 지 오래였다. 아무리 상대방에게 맞춰주려 해도 항상 더 애쓰고 노력하게 만드는 관계, 또 내가 무언가를 잘못했나 싶어 자책하게 만드는 관계 속에서 행복은 느낄 수 없었다.

이별도
그의 허락이
필요한 건가

이별은 순탄하게 할 수 있을까? 어떻게 이별을 말해야 할지 걱정과 두려움이 밀려왔지만 그와의 관계를 끝내야 한다는 생각에는 변함이 없었다. 그는 내가 왜 헤어지자고 하는지 모르는 것 같았다. 그가 나를 식당에 혼자 남겨두고 가버린 이후 나는 매일 생각했다. 왜 이 남자와 만나고 있는 건지. 이 남자에게 나는 어떤 존재이며 그가 한 행동을 어떻게 이해해야 하는 건지 말이다.

　내가 이런 생각으로 하루하루를 보내는 동안 그 사람은 평소와 다르지 않게 생활하면서 여전히 일에 전념했고 그날 자신의 행동이 내게 어떤 충격을 주었는지 생각조차 해보지 않은 것 같았다. 어쩜 그렇게 아무렇지 않을 수가 있는지 실망스러웠고 헤어지는 게 좋겠다는 내 느낌에 확신이 더해졌다.

　헤어지자는 말을 들은 그가 다짜고짜 내 손을 잡고 걷기 시작했다. 차 문을 열어주고 출발 전에 안전띠까지 매주었다. 이번에도 또. 예전에도 다투고 나서 다시 만났을 때 이런 서비스를 해주긴 했지만 이번에는 내 마음이 그때와는 달랐다. 잊을 만하면 나타나는 그의 서늘하고 난폭한 모습, 남들 앞에서는 드러나지 않는 그런 면모 때문에 함께 있는 시간이 불안해지기 시작했고, 우리 사이에 사랑이라는 말이 어울리지 않는다는 걸 예전부터 직감하고 있었다.

　운전하던 그가 내 손을 잡았다. 내 말이 진담처럼 들리지 않았나 보다. 내 말을 귀담아듣지 않고 자기 멋대로 해석하는 그에게 정말이지 화가 났다. 항상 그랬듯 이번에도 내 말에 진지하게 반응하지 않고 자기 하고 싶은 대로 행동하고 있었다. 나는 손을 뿌리쳤다. 그가 다시 내 손을 잡았다. 나는 손을 뿌리치며 그를 노려봤다.

　"왜 그래? 몸에 손도 못 대게 하고."

　"차 세워."

"뭐?"

"차 세우라고."

"갑자기 차는 왜 세워?"

"내가 하는 말 뭐로 들었어? 헤어지자고 했잖아."

"무슨 소리야 대체. 힘들게 일하고 온 남자친구한테 맨날 징징대고. 사람 피곤하게."

"자기 생각만 하지 말고. 내가 왜 헤어지자고 하는지 생각은 해봤어?"

그는 말이 없었다. 굳은 얼굴에 안경 너머로 보이는 날카로운 눈빛이 이글거렸다. 두려움이 몰려왔다. 그는 화가 나면 말을 하지 않았다. 그가 속력을 내기 시작했다. 자존심이 강한 그에게 먼저 헤어지자고 한 게 화근이었다. 헤어질 때조차 그의 허락이 필요한 거였다. 아니, 그 사람이 먼저 헤어지자고 하는 게 세상의 중심인 그에게는 당연한 결말이었을 것이다. 내가 먼저 이별을 고한 것에 그 사람은 분노하고 있었다.

그는 계속 페달을 밟아댔고, 뜨겁게 달아오른 그의 분노 에너지가 화염처럼 번져나갔다. 그 에너지가 내 목을 조르고 내 심장을 내리누르고 나를 옴짝달싹 못 하게 했다. 앞선 차량을 피해 이리저리 차선을 변경하자 차는 이리저리 쏠리며 날카로운 굉음을 냈다. 그래도 분이 안 풀린 듯 그는 어딘지도 모를 곳으로 계속해서 차를 몰았다. 나는 몸이 떨리기 시작했다. 이러다가 사고라도 날 것 같았다.

두려움에 온몸이 부들부들 떨렸다. 마침내 그가 차를 세웠다. 나는 몸을 움직일 수조차 없었다. 그가 채워준 안전띠가 나를 옭아맨 밧줄처럼 느껴졌다. 그 사람은 시뻘건 얼굴로 안경을 벗었다. 여전히 화가 난 모습이었다. 더 이상 함께 있어서는 안 될 것 같았다. 나는 부들부들 떨리는 몸으로 겨우 차 밖으로 나왔다. 그때 등 뒤로 차 문 열리는 소리가 들리더니 발걸음 소리가 났다.

"어디 가?"

그가 내 팔목을 잡아챘다.

"하지 마!"

내 입에서 날카로운 비명이 흘러나왔다. 처음 보는 내 모습에 놀란 듯 그가 움찔했다.

"나 더 이상 당신 얼굴 안 보고 싶어. 제발 그만해. 진심이야."

나는 커플링을 빼 던지고 뒤돌아서서 있는 힘껏 달렸다. 어디로 가는지도 모른 채 무작정 달리고 또 달렸다. 그가 따라오지 않는다는 걸 확인한 후에야 길바닥에 쪼그리고 앉아 서럽게 울어댔다. 헤어지는 날, 마지막 순간까지 나는 그에게 두려움을 느꼈던 것이다. 관계의 끝이 슬픔과 미련이 아니라 두려움이었다는 사실. 이것이 내게 가장 큰 확신을 주었다. 그와의 관계는 사랑이 아니었다.

기질은
바뀌지 않는다

자기애가 강한 그와 이별한 후 생채기 난 마음과 무너진 자존감을 회복하는 데 많은 노력이 필요했다. 우선 그와 나는 감성적 코드가 맞지 않았음을 인정해야 했다. 그는 분명 멋진 남자였다. 능력 있고 매력적인 부분 또한 많았다. 하지만 내게 감정적, 정서적으로 위안을 줄 수 있는 마음의 깊이가 그에겐 없었다. 나는 그가 갖고 있지 않은 부분을 아쉬워하며 계속해서 갈구했다. 또한 그에게 사랑받고 존중받지 못한다는 느낌을 받으면서도 계속해서 그의 관심을 얻으려 모든 걸 그 사람에게 맞추려 했다. 그럴수록 내 자존감은 무너지고 스스로 내 가치를 떨어뜨린다는 걸 인식하지 못한 채 말이다.

그를 떠올리면 '지킬 앤 하이드'가 생각난다. 매력적인 사람이지만 내가 자기 말에 따르지 않거나 마음에 들지 않는 행동을 할 때면 무섭고 차갑게 돌변하는 사람. 다툴 땐 현란한 말솜씨로 모든 게 내 잘못이며 내 탓이라 결론 냈다. 항상 나를 야단치고 자기 말을 잘 듣도록 조련하는 듯한 그의 태도를 그때는 왜 몰랐을까. 나르시시즘이 강한 그가 나를 통제하고 비난할수록 나는 죄책감을 느껴야 했다. 나르시시스트는 마음이 닫혀 있어 감정을 잘 느끼지 못하고 타인의 감정 상태도 이해하지 못한다는 사실 또한 경험을 통해 알게 되었다.

그 사람의 이런 면모를 눈치챈 이들이 없었기에 더 고민이었다. 나에게만 보이는 그의 거칠고 냉랭한 모습. 어째서, 왜, 나와 함께 있을 때면 불쑥 튀어나오는 모습이 남들 앞에서는 드러나지 않는 걸까. 알고 보니 나르시시스트는 상대가 강하고 자기주장이 확실한 사람일 경우에는 본색을 드러내지 않는다고 한다. 반면 마음이 여리고 섬세하며 상대방의 입장과 태도에 큰 의미와 에너지를 부여하는 민감한 사람을 만나게 되면, 상대방을 쉽게 통제하고 지배할 수 있기 때문에 공격성과 이기주의가 수면 위로 떠 오르는 것이다.

　　건강한 자기애라면 문제 되지 않는다. 하지만 나르시시스트처럼 사람들이 자신을 보며 감탄할 때, 남들의 주목을 받을 때 자신의 존재감과 가치를 확인하는 사람은 내면 깊숙한 곳에 불안과 낮은 자존감이 자리하고 있다. 처음 만났을 때 보인 그의 자신만만함은 결국 포장되고 연출된 것이었다. 항상 자기 의견이 옳다고 남에게 관철시키고 자신이 옳아야만 스스로 가치 있는 사람이라 여기는 유형이 바로 나르시시스트다. 그래서 자기 의견에 동의하지 않으면 화를 내고 공격적인 언행을 보이며 상대를 불안하게 만든다.

　　그와의 관계가 지속될수록 내가 진이 빠지고 결국엔 모든 걸 그 사람에게 맞춰주려 했던 게 이제야 이해가 됐다. 내 에너지를 모두 그에게 소비하면서 나는 점점 더 그에게 휘둘렸던 것이다. 그의 맘에 들려고 얼마나 눈치를 보았던가. 내 에너지

민감해서 삶이 고달픈 당신을 위한 심리 처방

와 마음이 모두 소진되어 없어질 때까지 독이 된 그 관계에서 벗어나야겠다는 생각도 못 할 만큼 나는 압도당했던 것이다.

이렇게 쓰디쓴 깨달음을 얻고 나니 이젠 분명히 보인다. 나르시시스트와 민감인의 결합은 치명적이고 파괴적일 수밖에 없다. 항상 남에게 맞춰주고 남의 입장과 감정을 먼저 챙기는 민감인은 자기 자신을 잃어버리기 쉽다. 이런 성향은 나르시시스트의 자기애를 북돋아 주다 못해 결국엔 감정적 착취로까지 이어질 수 있다. 가져가는 이는 끝이 없다. 주는 이가 한계에 부딪혀 나가떨어지기 전까지 그러한 관계는 계속될 것이다.

유독 나를 정서적으로 힘들게 하는 사람이 있다면 그 사람에게 나르시시스트 성향이 있는지 한번 살펴보라. 주변에 나르시시스트가 있다면 마음의 거리를 두고 가까이 엮이는 일은 피하라고 조언하고 싶다. 그 사람이 이성이든 동성이든, 친구이든 가족이든, 우월감과 자기중심적 성향이 강한 사람과의 관계는 민감한 사람에게는 독이 된다.

민감한 사람들이 타고난 이타심과 섬세함을 바꿀 수 없는 것처럼 나르시시스트 또한 자신이 우주의 중심이며 자신은 항상 옳고 남들은 항상 틀렸다는 사고방식에서 벗어날 수 없다. 나르시시스트임을 알아채고 거리를 둘 것, 가능하다면 발견하자마자 그 사람을 생활 반경에서 차단하는 것이 민감한 자신을 지키는 길이다.

나를
점점 더
사랑하게 되는
말

　운동 삼아 집 주변을 걷는 중이었다. 햇볕이 내리쬐고 바람마저 따스한 날, 신호등 앞에서 신호가 바뀌기를 기다리고 있었다. 버스 한 대가 굉음을 내면서 다가오더니 내 앞에서 멈추었다. 그때 내 눈을 사로잡은 게 있었다.

　'경희야, 넌 먹을 때가 제일 예뻐.'

　광고 문구인 것 같았지만 왠지 정겹게 느껴져 저절로 미소가 번졌다. 내 이름이 경희가 아닌데도 이렇게 신선하고 흥미로운 문구로 기억에 남는데 이 땅의 수많은 경희는 꼭 자기한테 하는 말처럼 느껴지지 않을까. 한동안 지나가는 버스에서 그 광고 문구를 볼 때마다 수많은 경희의 마음이 느껴져 혼자서 웃곤 했다.

돌이켜보면 이와 비슷한 광고가 또 있었다. 대학생 시절 학교 앞을 온통 도배했던 벽보가 있었다.

'선영아 사랑해.'

지하철역 입구에서부터 교문까지 걸어가는 길 내내 눈을 돌릴 때마다 선영이를 사랑한다는 벽보가 붙어 있었다. 순진한 여학생들은 "선영이가 대체 누구야?" "와, 누군지 몰라도 참, 이 남자 장난 아니다!"라며 어느 순수한 남학생의 절절한 사랑 고백에 눈이 휘둥그레졌었다. 이 벽보를 학교 앞에서뿐만 아니라 도심 곳곳에서 보게 되기 전까진 말이다. 알고 보니 그건 사랑 고백이 아니라 어느 회사의 광고 문구였다. 대중의 관심과 호기심을 불러일으킨 성공적인 광고가 아닐 수 없었다.

이렇게 누군가 내 이름을 불러주고 내가 듣고 싶어 하는 말을 해준다면 얼마나 마음이 든든할까. 따스한 말로 위로받고 격려와 정서적 지지를 받는 것만큼 나를 살리고 또 나를 살게 하는 것이 있을까. 가족과 친구, 사랑하는 사람에게 늘 그런 걸 기대하지만 여전히 채워지지 않는 부분이 있다. 상대가 나를 위로해줄 거라고 기대할수록 내 실망감은 커져만 갔다. 그래서 나는 내가 그토록 듣고 싶었던 말을 나 자신에게 스스로 해주기로 마음먹었다. 이름하여 자기 확언.

작은 즐거움부터 시작해 삶의 목표와 꿈, 자기가 바라는 모습에 이르기까지 자기가 원하는 말을 쓰고 반복해서 읽는 것이다. 자기 확언을 꾸준히 하면 내가 생각하고 말하는 걸 실제 내 마음이라고 믿게 된다. 처음 자기 확언을 시작할 땐 자기가 가진 부정적인 사고 패턴을 먼저 점검해보기를 권한다. 뭔가를 시작하기도 전에 늘 실패할 거란 생각부터 하는 건 아닌지, 항상 남을 의식해 내가 하고 싶은 걸 못 하고 살지는 않는지, 바꾸고 싶은 내 모습을 적어보자. 그리고 어린 시절 부모님이나 선생님, 형제자매에게서 들었던 비난의 말, 직장 상사에게 들은 모욕적인 말 등 나에 대한 부정적인 말을 정리해보자. 그런 다음 내 행복을 갉아먹는 어둠을 밝은 빛으로 승화시키려면 어떤 긍정의 말이 필요한지 생각해보는 거다.

나를 행복하게 하는 듣기 좋은 말에는 뭐가 있을까. 나는 기분 좋은 말을 하나씩 적어보았다. 내가 좋아하는 예쁜 핑크색 종이를 하트 모양으로 오렸다. 그리고 볼 때마다 미소를 머금게 하는 칭찬과 격려의 말들을 내 눈길이 가는 곳에 붙여놓았다.

"지은아, 난 네 예쁜 눈이 참 좋아."

"지은아, 넌 핑크색이 정말 잘 어울려. 핑크색은 너를 위한 색이야!"

"지은아, 넌 이미 많은 걸 해냈어. 이젠 좀 쉬어도 돼."

민감해서 삶이 고달픈 당신을 위한 심리 처방

"지은아, 넌 언어의 마술사야. 통역도 잘해, 번역도 잘해, 이젠 책까지 쓰다니!!"

"지은아, 네 책을 읽고 도움받은 사람이 많대. 고마워."

"지은아, 있는 그대로의 네가 참 좋아."

"지은아, 넌 이 세상에 꼭 필요한 존재야. 널 발견한 사람은 땡잡은 거야."

"지은 씨, 내 소중한 사람. 사랑해요, 지구 끝까지~."

이렇게 나를 위로하는 말을 적다 보면 점점 신이 난다. 나한테 무슨 장점이 있나 스스로 생각해보게 되고 남들이 하는 칭찬이 어색해 그저 흘려듣기만 했던 말이 떠오르기도 한다. 아침에 일어나 거울을 보면서 자기 확언을 하곤 한다. 처음엔 말로 하는 게 어색해 붙여놓았던 문구를 여러 번 바라보다 나중엔 거울 속 내 모습을 보면서 웃게 되었고, 가족이나 친한 친구에게 내가 쓴 자기 확언 문구를 주면서 읽어 달라고도 했다. 타인의 목소리로 듣는 확언 문구는 또 다른 자기 확신을 불러일으킨다. 회사에서는 수첩에 붙여놓았던 확언 문구를 점심시간에 필사하기도 했다. 여러 번 거듭할수록 기분이 좋아지고 마음도 긍정적으로 변함을 느낄 수 있다.

늘 편안한 운동복 차림으로 동네를 산책하다 오랜만에 신경 쓰고 외출한 날이었다. 공원 벤치에 앉아 상념에 잠겨 있는

데 한 남자가 다가왔다.

"저…… 저기 혹시……. 혹시 아줌마 아니지요? 아줌마 아니면 연락처 좀 주실래요?"

동네에서 이런 일이 다 있다니. 오랜만에 헌팅을 당하니 무척 새로웠다. 하지만 그 남자의 말이 황당했다. 아줌마인지 확인부터 하는 건 왜일까? 나를 더 당황하게 했던 건 그 남자의 연령대였다. 여드름 가득한 얼굴에 세미 정장을 입은 그는 언뜻 보기에도 사회 초년생 같아 보였다. 내가 자기보다 연상인 것 같으니까 결혼 여부부터 물은 모양이다. 그래도 그렇지 아줌마 아니냐니. 난생처음 들은 아줌마라는 단어와 연락처를 달라는 그의 용기 사이에서 나는 전자를 선택했다. 없는 남편을 만들어서 스스로 유부녀라 말하고 그 남자를 돌려보낸 것이다.

집에 돌아오는 길에 그 상황이 자꾸 생각나 웃음이 터져 나왔다. 이제 새로운 문구가 하나 더 생겼다.

"지은아, 넌 여전히 매력적이야. 연하남이 달려들 정도로!"

더 이상
남들에게
맞추려고
애쓰지
마라

"안녕하세요. 송지은입니다. 글쓰기에 관심이 있어서 나오게 되었습니다."

이건 너무 딱딱한데. 경직돼 있는 게 너무 드러나잖아.

"안녕하세요. 예전부터 책을 쓰고 싶었는데 어떻게 시작해야 할지 몰라서 글쓰기 수업부터 들어보려고 나왔습니다."

이것도 너무 길어. 미리 준비한 멘트 같잖아.

"책을 쓰고 싶어서 수업을 찾던 중에 인터넷에서 이 수업을 알게 됐어요. 글쓰기에 대해선 아무것도 모르는데 좀 떨리

네요."

떨린다는 말을 왜 해. 그렇게 말하면 정말 더 떨릴지도 몰라.

글쓰기 수업 첫날, 집을 나서기 전에 거울 앞에서 이렇게 혼자 연습을 했다. 오랜만에 살펴보는 내 얼굴이었다. 혼자 보낸 시간이 길어서였을까. 관심 있는 수업을 등록해놓고도 설레기보단 긴장되고 걱정부터 앞섰다. 다들 처음 보는 낯선 사람들일 텐데 편안하게 수업을 들을 수 있을까. 괜히 왔다는 생각이 들면 어쩌지. 갑자기 발표라도 시키는 건 아닐까. 나에게 쏠린 낯선 사람들의 시선을 감당할 수 있을까. 이런저런 생각 때문에 집을 나서는 게 망설여졌다.

용기를 내서 수업에 참석했다. 나이와 직업은 가지각색이지만 글쓰기라는 공통의 관심사를 가진 사람들이 모여 있었다. 첫 수업의 어색함은 선생님의 노련한 지도력 덕분에 깊은 공감과 글쓰기에 대한 열정으로 변했고, 어느새 나는 다음 수업을 기다리며 즐거워하고 있었다. 낯을 많이 가리고 여럿이 모이는 것보다 일대일 만남을 선호하는 내가 글쓰기 모임을 계속 나갈 수 있었던 이유는 뭐였을까.

바로 모임의 성격과 그 모임에서 내가 얻을 수 있는 내면의 풍요로움 덕분이었다. 글쓰기 모임의 특성상 독서와 자기성찰을 좋아하는 사람들이 주로 모이게 된다. 각자 살아온 인생과 내면의 상처를 글로 표현하고자 하는 의지를 가진 이들이다. 글쓰기를 통해 성장과 치유 과정을 함께하는 이들이기에 서로의 이야기에 공감하고 때로는 영감을 얻기도 한다. 수업 과정이 진행되면서 점점 가족 같은 친밀함을 느꼈고, 이 모임은 나를 드러내도 안전한 곳이라 느끼게 되었다. 서로를 비판하거나 경쟁하기 위해 모인 것이 아니라 격려하고 지지하고 배우기 위해 모였기 때문이다.

나를 파악하고
나에게 맞는
모임을 찾을 것

함께 있으면 편한 사람을 찾기 위해서는 먼저 내가 어떤 사람인지부터 파악하는 게 중요하다. 나는 굉장히 내향적이고 생각이 많은 타입이다. 섬세하고 감상적인 데다 감각이 예민해서 많은 자극에 노출되는 상황은 피하는 게 좋다. 정신없이 빨리 일을 처리하는 상황보다 내 속도에 맞춰 한 번에 하나씩 하는 게 더 효율적이다. 내가 누구인지 몰랐을 때, 아니 내가 어떤 유형의 사람인지 알아보려 하지 않고 그저 남들처럼 살던 시절에는 어디에도 적응하지 못하는 내 모습에 참 많이 힘들었다. 외향적이고 말하기 좋아하는 사람들 사이에서 나는 말 없고 재미없는 사람이었다. 동호회 모임 뒤풀이에서도 나는 술도 못 마시고 항상 집에 일찍 가는 심심한 사람이었다. 시간만 나면 여행 가는 걸 좋아하는 사람들에게 나는 차멀미가 심해 장거리 여행을 꺼리는 답답한 사람이었고, 겨울만 되면 스키장에서 살다시피 하는 친구들에게 나는 고소공포증이 심해 리프트를 타지 못하는 희한한 애였던 것이다.

하지만 이젠 분명히 말할 수 있다. 이건 적응하고 아니고의 문제가 아니다. 나에게 적합한 라이프 스타일을 찾고 나와 코드가 맞는 사람들을 만나 어울리면 내 본연의 모습 그대로 얼마든지 행복할 수 있다. 어쩌면 우리는 거절당할까 두려워 본 모습을 숨긴 채 살아온 것인지도 모른다. 있는 그대로의 나를 알아봐 주고 소중히 여기는 이들이 주변에 있었다면 애초에 남들과 똑같은 모습으로 남들처럼 살고 행동하기 위해 발버둥칠 일도 없었을 테니까 말이다. 진짜 내 모습을 감춘 채 타인의 비난과 면박을 피하고자 그저 남들이 하자는 대로 했던 건 아닐까.

내가 어떤 사람인지 알게 되고 있는 그대로의 내 모습을 좋아하고 나니 내게 잘 맞는 모임을 찾을 수 있게 되었다. 두려움 없이 내 본래의 모습으로 내가 정말로 내가 될 수 있게끔 해 주는 모임, 그 안에서 나는 이제 자유롭고 편안하다. 남들을 쫓아다니느라 볼 수 없었던 내 안의 보석이 빛을 발하는 느낌이라고나 할까.

심리치료사 크리스텔 프티콜랭Christel Petitcollin은 《나는 생각이 너무 많아》에서 다음과 같이 말한다.

모든 인간관계에 애정을 쏟고 속 깊은 대화를 나누기를 기대하지 마라. 속 깊은 얘기는 정말로 가깝고 친밀한 사람들하고만 하라. 심리학 전문가 중에도 정신적 과잉 활동인에 대한 이해가 부족한 사람은 많다. 그런 사람은 여러분을 무슨 병자처럼 취급하고 도움을 주기는커녕 더 괴롭게 만들 공산이 크다.

이 글을 읽었을 때 내 예전 모습이 떠올랐다. 더는 사람들과의 관계를 견딜 수가 없어 무인도에서 살고 싶었던 때였다. 몸과 마음이 만신창이가 되도록 모든 인간관계를 심각하고 진지하게 생각했다. 힘들면 물러나고 때로는 나를 위해 피할 줄도 알아야 하는데 말이다. 모두와 잘 지낼 수는 없음을, 모두가 나를 좋아하고 내게 친절하지 않을 수도 있음을 모르고 살았던 시절이었다. 거절하지 못하고 두려움이 많은 내 성향을 간파하고는 나를 이용하려는 이들을 알아채지 못했고, 그래서 좋지 않은 일들을 많이 겪었다.

따스하고
안전한 관계는
따로 있다

모든 것에서 벗어나 그저 혼자 있고 싶었던 시절, 내게 무슨 문제가 있는 건지 알고 싶어 찾아간 상담센터에서도 뾰족한 답은 찾지 못했다. 나를 이해하지 못하고 사회 부적응자로 규

정짓는 상담 세션은 또 다른 형태의 학대처럼 느껴졌다. 더 이상 갈 곳이 없었다. 누구에게 내 속마음을 털어놓고 어떤 도움을 받아야 할지 몰라 막막하기만 했다. 그래서 나는 오랜 시간 혼자 지냈다. 정말로 그 누구도 만나고 싶지 않았다.

그때 내가 원한 건 단 한 가지였다. 혼자서 조용히 쉬는 것. 실컷 자고 먹고 아무것도 하지 않으면서 누구의 방해도 받지 않을 나만의 시간을 가지길 원했다. 그렇게 원 없이 쉬고 나니 내가 원하는 게 무엇인지 생각할 수 있게 되었다. 정말로 나는 아무도 없는 섬이나 산속에 들어가 평생을 거기서 살고 싶은가. 정말로 내 삶에 친구도 애인도 가족도 두고 싶지 않은 걸까. 곰곰이 생각해보니 내가 진정으로 바라는 건 나를 이해해주고 함께 있어도 불안하지 않은 소수의 친밀한 사람이었다. 한 명이든 두 명이든 함께 있어도 움츠러들지 않을 사람. 사납고 영악한 에너지가 느껴지지 않는 부드러운 사람. 그런 사람들과 어울리며 마음을 나누고 함께 웃고 싶었던 것이다. 여전히 혼자 있을 때가 가장 평화롭고 안심이 되지만 따스하고 안전한 인간관계 또한 갈망하고 있음을 알게 되었다.

그리고 주변을 둘러보았다. 지금 내 삶에 있어서 내가 원하는 관계를 지속할 수 있는 사람이 몇 명이나 있나. 한집에 산다고 해서, 어린 시절부터 오랫동안 알아온 친구라고 해서 그 관계 속에서 내가 나다울 수 있고 편안한 것만은 아니다. 공통의 관심사를 가지고 있거나 지향하는 라이프 스타일이 비슷한 사람이 없었기에 내가 잘 어울릴 수 있는 사람들을 직접 찾아 나서야겠다고 생각하기에 이르렀다.

함께 있으면 힘든 유형은 거리를 두고, 나와 비슷한 성격과 취미를 가진 사람들을 만날 수 있는 모임에 나가 조금씩 천천히 나를 드러내는 연습을 해보기를 권한다.

이제 내게도 꿈이 생겼다. 내가 나를 발견하고 내 성장에 도움이 되는 모임을 찾은 것처럼, 내가 쓴 책을 읽고 용기를 얻어 나를 찾아오는 이들에게 내가 해낸 것처럼 당신도 분명히 할 수 있다고 아낌없이 격려하고 응원해주고 싶다. 누군가의 롤모델이 되는 것이야말로 내가 받은 축복을 세상에 되돌려주는 의미 있는 일일 것이다.

있는
그대로의
나를
존중하게 해주는
아유르베다의
지혜

"김포발 부산행 ×× 항공을 이용하시는 승객 여러분께 안
내 말씀드립니다. 갑작스러운 기체 결함으로 출발이 지연되오
니 이 점 양해해주시기 바랍니다."

헛, 이게 무슨 소리야? 기체 결함이라니. 그럼 언제 출발한
다는 거지? 출발 게이트 앞에서 비행기에 오를 때만 기다리고
있던 나는 예상치 못한 변동 사항에 놀라 당황하고 있었다. 부
산으로 출장 가는 길이었다. 순간 내 머릿속에는 이미 잡혀 있
는 미팅 스케줄과 나를 픽업하러 공항에 나오기로 한 이들의

민감해서 삶이 고달픈 당신을 위한 심리 처방

얼굴이 스쳐 지나갔다. 몇 시에 출발하게 될지 언제 부산에 도착할지도 모르는 상황이었다.

뭐부터 해야 하나……. 팀장님께 전화해서 상황을 설명하고 오후 스케줄을 미뤄달라고 할까. 아니야. 공항에 픽업 나오기로 한 직원들한테 먼저 알리는 게 좋겠어. 괜히 기다리게 하면 미안하니까……. 점심은 나 빼고 먼저들 먹으라고 해야겠다. 나 기다리느라 식사까지 못 하게 할 순 없지. 그럼 오후 스케줄은 어떡하지……. 올라오는 시간도 미뤄야 할지 모르겠네……. 혹시 좌석이 없으면 어쩌지…….

생각이 꼬리에 꼬리를 물고 내 머릿속에서 웨이브 치며 돌아다녔다. 방송을 듣고 몇 초 안 되는 짧은 시간에 나는 이미 그날 일과를 점검하고 있었다. 이렇게 돌발 상황이 생기면 거침없이 뻗어 나가는 생각과 고민거리들로 내 심장은 심하게 두근거리곤 한다. 순조롭게 해결되어야 할 텐데…… 혹시 오늘 다 처리 못 하면 어떡하지…… 끊임없이 이어지는 생각에 그날 일과가 끝날 때까지 내 얼굴엔 수심이 가득하다. 나는 기다리는 내내 출발과 도착 스케줄을 응시하며 초조해했다.

모니터만 바라보고 있자니 목이 아팠다. 그제야 나는 고개를 이리저리 돌리며 게이트 주변을 둘러볼 여유가 생겼다. 다들 나랑 같은 비행기를 타려고 기다리는 사람들이었다.

비행기 지연에
대처하는
3가지 태도

"에이씨……. 벌써 몇 분째야. 언제 출발하는지 정도는 알려줘야 하는 거 아니야."

혼잣말이라고 하기엔 목소리가 너무 크다. 잔뜩 화가 난 남자가 급기야 자리에서 일어나더니 공항 직원에게 다가가 언성을 높였다.

"대체 언제 출발한다는 겁니까? 사람을 이렇게 무작정 기다리게 해도 되는 거요? 내가 얼마나 바쁜 사람인데!"

자리에 돌아와서도 남자는 여전히 씩씩거렸다. 그렇게 화를 분출하는 사람 근처에 있자니 나까지 기분이 안 좋아지려 했다. 어딜 가나 큰 소리를 내는 사람은 꼭 있다. 안 그래도 불안한데 언성 높이는 사람까지 있으니 불안과 초조함이 배가 된다. 나는 조용한 곳으로 자리를 옮겼다. 눈을 감고 쉬는 사람, 이어폰으로 음악을 듣는 사람, 두런두런 이야기를 나누는 사람들, 심지어 스마트폰으로 게임을 하면서 히죽히죽 웃고 있는 사람도 있었다.

마침 옆에 있던 사람이 나직이 통화하는 소리가 들렸다.

"기체 결함이라니 어쩔 수 없지 뭐. 응. 지금 기다리고 있어. 괜찮아. 안 심심해. 책도 있고……. 마침 커피 마시고 싶었는데 잘됐지 뭐. 응~ 걱정하지 마."

민감해서 삶이 고달픈 당신을 위한 심리 처방

와…… 어떻게 저렇게 평온할 수가 있지. 나처럼 불안해하지도 않고 아까 그 남자처럼 화를 내지도 않는다. 자기 힘으로 어쩔 수 없는 일이니 이왕 기다려야 한다면 맘 편히 있자는 자세였다.

이처럼 같은 상황에서도 사람들은 각자 다르게 반응한다. 인도의 고대 의학인 아유르베다Ayurveda를 공부하면서 나는 내가 가진 기질과 체질을 이해할 수 있게 되었다. 아유르베다는 인간의 육체, 정신, 영적인 측면을 모두 고려한 전인적인 치유 의학으로 자연과의 교감, 체질에 맞는 식생활, 건강한 라이프 스타일을 중시한다. 흙, 물, 불, 공기, 에테르라는 5가지 원소가 자연을 구성하는 근간이며 지구상의 모든 물질은 이 5가지 원소로 구성되어 있다고 본다. 인간 역시 예외가 아니다. 아유르베다에서는 우리 몸을 소우주라고 생각한다. 그리고 5가지 원소의 조합에 따라 바타Vata, 피타Pitta, 카파Kapha라는 3가지 바이오에너지 타입인 도샤Dosha로 우리 몸을 구분한다. 바타 타입은 공기와 에테르, 피타 타입은 물과 불, 카파 타입은 물과 흙의 요소로 구성되어 있다고 한다. 이 세 가지 바이오에너지 타입 중 어느 것이 더 우세하냐에 따라 사람의 기질과 체형이 결정되는 것이다.

아유르베다에 따르면 나는 바타 타입이다. 바타 타입은 골격이 가늘고 피부가 건조하다. 쉽게 피곤해지고 불안과 걱정이 많으며 따뜻한 음료를 즐긴다. 생각해보니 나는 한여름에도 에어컨이나 선풍기 바람을 좋아하지 않는다. 남들에겐 시원하게 느껴지는 사무실 냉방 온도가 내겐 카디건을 입고 뜨거운 차를 마시면서 견뎌야만 하는 차가움이다. 왜 그리도 쉽게 지치고 쉬고 싶을 때가 많은지, 무슨 일이 생기면 이를 어찌해야 하나 싶어 걱정하고 또 걱정하고, 금세 얼굴에 그림자가 드리워지곤 했던 내 모습이 이제는 이해가 된다. 항상 몸을 따뜻하게 하고 충분한 휴식을 취하지 않으면 에너지의 균형이 깨져 금방 탈이 나고 마는 게 바타 타입이다.

출발이 지연된 비행기를 기다리면서 씩씩거리던 그 남자는 아마 피타가 우세한 타입일 것이다. 피타는 물과 불의 조합으로 지성 피부면서 열이 많다. 차가운 음료를 즐기고 액티브하며 경쟁심이 많다. 지적이고 언변이 좋으나 자칫하면 쉽게 기분이 상하고 질투심에 사로잡히기도 한다. 무슨 일이 있을 때 보이는 첫 번째 반응이 욱하고 올라오는 분노라면 불처럼 뜨거운 피타 타입일 가능성이 높다.

반면 덤덤하게 비행기를 기다리면서 자기 할 일을 하던 사람은 카파 타입이 아니었을까 싶다. 흙과 물의 조합인 카파 타입은 대체로 체격이 좋고 부드러운 지성 피부를 가졌다. 그들은 느긋하다. 정이 많고 쉽게 용서하며 인내심이 있다. 활동량이 많지 않아 자칫하면 쉽게 우울해질 수도 있지만 말이다.

내 모습을 인정하면
나를 사랑하게 된다

아유르베다에 따르면 개개인이 갖고 태어난 체질과 그에 따른 성향은 바뀌지 않는다고 한다. 항상 내가 고민했던 내 모습이 있는 그대로의 나였다니. 이걸 좋아해야 하나 말아야 하나……. 불안해하지 않고 덤덤하게 아니면 남들처럼 당차게 문제를 뚫고 나갈 순 없는 건지 정말 오랫동안 고민해왔었다.

'흠…… 신기한데. 회사 사람들도 그렇고 우리 식구들도 그렇고 아유르베다 타입에 다 맞아떨어지네~.'

나는 내 모습 그대로를 사랑하고 존중하기로 했다. 나처럼 걱정 많고 쉽게 불안해하는 바타 타입인 사람들에게 '불안장애'라는 그럴듯한 병명을 붙여놓는다면, 피타 타입은 '분노조절장애,' 카파 타입은 '게으름을 동반한 우울장애'라고 할 수 있지 않을까? 그렇다면 이 세상에 아프지 않은 사람이 누가 있단 말인가?

아유르베다를 알게 된 후부터 나는 혹시 나한테 무슨 문제가 있는 건 아닌가 하는 생각부터 바꿨다. 일이 잘 안 풀릴 때 불안해지는 건 바타 타입인 내겐 자연스러운 반응이다. 겨울이면 손발이 얼음장처럼 차갑고 손톱까지 파래지지만 이젠 걱정하지 않는다. 여름엔 가방 안에 스카프와 카디건을 항상 챙겨가지고 다니고, 모두 당연한 듯이 아이스커피를 주문할 때 거리낌 없이 뜨거운 차를 주문한다. 이왕이면 불안감을 잠재워주는 허브 티가 나는 좋다.

"야, 한여름에 왜 그런 걸 마셔? 덥지도 않냐?"

"난 이게 더 좋아. 나한텐 이게 보약이거든."

나는 바타 체질이니까!

민감해서 삶이 고달픈 당신을 위한 심리 처방

나를
치유한
절반의
힘,
명상

　"표정이 왜 저래? 말도 안 하고 앉아서 일만 하네. 쟨 부모
가 없나?"

　조용한 사무실에 팀장의 앙칼진 목소리가 쩌렁쩌렁 울려
퍼진다. 새로 온 팀장은 마치 자기 영역 표시라도 하듯, 아니 나
이런 사람이니 알아서들 하라는 듯 허공에 대고 말을 퍼붓기
일쑤였다. 왜 그리 내성적이고 생기가 없냐고, 나 같은 성격은
처음 본다고 비난을 일삼더니 급기야 부모 없는 고아냐는 말까
지 한 것이다. 표정 관리 잘하는 동료들이 당황하며 나를 쳐다

보는 게 느껴진다.

아빠가 몇 년 동안 암 투병을 하시다 끝내 돌아가셨지만 나는 그 사실을 받아들이지 못한 채 제대로 된 애도도 하지 못하고 있었다. 그저 일상을 꾸역꾸역 쫓아가기도 바쁜 시절이었다. 부모가 없냐는 말에 기어이 내 눈앞은 흐려졌다. 팀장의 폭력적인 말이 내 귀와 가슴에 퍽 하고 내리꽂히는 게 느껴졌다. 미동도 없이 그저 모니터만 바라보면서 생각했다. 팀장 얼굴을 쳐다보고 뭐라고 대꾸할 것인가. 못 들은 척하며 계속 앉아 있을 것인가. 아니면 일단 자리를 피하고 내 마음을 가다듬을 것인가를. 울음이 터지기 직전 나는 조용히 자리에서 일어섰다.

화장실 한 칸을 차지하고 앉아 있으니 날것의 감정이 솟구치기 시작했다. 눈물인지 콧물인지 모를 슬픔의 덩어리가 쏟아져 나왔다. 한동안 그러고 나니 여기는 내 집이 아닌 회사며 이제 그만 사무실로 돌아가야 한다는 생각이 들었다. 거울을 보고 심호흡을 하면서 내 표정이 어떤가 살폈다. 아무 생각 없이 말을 내지르는 사람에게 손쉬운 공격 대상이 될 법한 유약한 내 모습이 보였다.

'그래. 어쩌면 지금 내 모습은 이리저리 찔러보고 휘두르기에 만만한 사람으로 보일지도 모르지. 새로 온 팀장은 아빠가 돌아가신 걸 모르고서 한 말일 테니…… 아무리 성질 고약한 사람이라도 건드리지 말아야 할 타인의 영역을 모르진 않을 테니까 말이야. 후~'

민감해서 삶이 고달픈 당신을 위한 심리 처방

나는 크게 심호흡을 몇 차례 한 뒤 사무실로 돌아갔다. 업무 보는 내내 팀장의 사나운 에너지와 내게로 쏠린 동료들의 시선이 느껴져 온몸이 가시에 찔린 듯 아팠지만 걷잡을 수 없이 눈물이 솟구치거나, 감정에 휘말려 당장 그만두어야겠다는 생각이 들거나 하진 않았다.

예상치 못한 상실의 고통으로 심한 혼란과 충격에 빠진 나를 구한 건 명상이었다. 명상을 시작하면서부터 내 안에서 불쾌감이 올라올 때 그걸 스스로 인식할 수 있게 된 것이다. 몇 날 며칠을 슬픔과 분노에 함몰된 채로 보내기보다는 '아, 지금 이런 감정이 올라오는구나. 이제 눈물이 나려고 하는구나. 내 신체가 이렇게 반응하는구나'라고 나를 객관적으로 바라볼 수 있게 되었다. 상대가 무례하게 나올 땐 한 템포 쉬면서 그 사람에게 어떻게 대응해야 할지 생각하는 여유까지 생겼다. 꾸준한 명상으로 마음이 안정되자 심리적 안전거리를 둘 수 있게 됐고, 당면한 상황에 어떻게 반응할지 대처할 수 있게 됐으며, 결국 내 행동도 전과는 많이 달라졌다.

명상이 심신안정에 도움이 된다는 소리는 오래전부터 들어 알고 있었지만 어디서 어떻게 배워야 할지 몰랐다. 무턱대고 명상원이나 종교 관련 시설을 찾아가자니 왠지 내키지 않았다. 명상은 뭔가 비현실적이고 신비주의에 가깝다는 생각이 내 머릿속에 자리 잡고 있었기 때문이었다. 불교 공부부터 해야 하지 않을까, 혼자서 명상 수업에 가도 괜찮을까, 낯선 장소에서 낯선 사람들과 섞여 있는 게 내 불안감을 가중시키진 않을까……. 수없이 고민했고 시작하기까지 참 많이도 망설였다.

불안에서 벗어나
새털처럼 가볍게
사는 길

수소문 끝에 찾아가 본 명상 수업은 생소했다. 태어나서 처음 해보는 명상이었다. 초보자에게 필요한 자상한 설명을 기대했는데 진행자의 세심함이 부족해 앉아 있는 내내 어리둥절했던 기억뿐이다. 또 다른 수업에서는 시작하자마자 코를 골며 자는 옆 사람 때문에 신경이 곤두서서 아무것도 하지 못했다. 더운 여름날 단체로 명상 수업을 할 땐 에어컨 바람 소리와 옆 사람 발 냄새 때문에 괴로웠다. 환기를 시키지 않아 공기 중에서 나는 비릿한 냄새부터 사람들 땀 냄새까지 내 예민한 후각을 건드렸다. 허리가 안 좋은 나는 바닥에 앉아 있는 것 자체만으로도 힘에 겨웠다. 아무리 조용한 장소라 해도 호흡에만 집중하거나 명상 음악에만 심취할 수 없다는 여러 가지 이유로 결국 혼자서 하는 방법을 찾을 수밖에 없었다.

우여곡절 끝에 만트라Mantra 명상이라는 걸 알게 되었다. 개인별로 주어지는 만트라를 머릿속으로 되뇌면서 하루에 두 번씩 20분간 하는 명상법이다. 처음에는 20분이 무척이나 길게 느껴져서 언제 20분이 다 지나가나 싶어 실눈을 뜨고 시간을 체크하기 일쑤였다. 다행이었던 점은 굳이 방바닥에 앉아 허리통증을 참아가며 하지 않아도 된다는 점이었다. 등받이가 있는 의자에 앉아서 발바닥을 땅에 대고 허리 쿠션과 담요로 몸을 편안하게 하고 할 수 있어 더 좋았다. 만트라 명상은 매일 해야 효과가 있는데 집에서 편안한 차림으로 혼자서 할 수 있다는 점이 나하고 잘 맞았다.

하루에 두 번이 어렵다면 하루에 한 번이라도 자신을 위해 20분의 시간을 확보해라. 아침에 좀 더 일찍 일어나 하루를 명상으로 시작하자. 차로 출퇴근하는 사람이라면 점심시간이나 야근을 앞둔 저녁 시간에 차 안에서 명상하는 것도 좋은 방법이다. 차 문을 잠그고 앞 유리에 가리개를 치고 아무에게도 방해받지 않으며 하는 명상은 사무실 의자에 기대서 낮잠 자는 것보다 더 많은 유익함을 가져다줄 것이다.

만트라 명상을 막 시작했을 때가 생각난다. 조용한 방안에서 명상한다 해도 집 밖에서 나는 소음과 거실의 텔레비전 소리, 화장실 물소리 등이 거슬렸다. 명상이 어떤 것인지도 모른 채 매일 명상하겠다는 일념 하나로 20분을 꽉 채우곤 했다. 한 달쯤 지났을까. 꼬리에 꼬리를 물고 내 머릿속을 가득 채웠던 잡념이 줄어들기 시작했다. 명상할 때 주변 소음이나 수시로 떠오르던 예전의 기억들도 점점 사라지고 만트라에 더 집중할 수 있게 되었다.

불쑥 잡념이 떠올라도 나는 여전히 만트라를 되뇌며 명상을 계속해나갔다. 매일 빠뜨리지 않고 명상하면서 내 마음은 점점 고요해졌다. 나를 괴롭히던 과거의 기억들이 차지하고 있던 자리에 이제는 고요함과 따스함이 들어와 자리를 잡았다. 명상을 하면 할수록 점점 더 깊고 평화로운 어딘가에 가 닿는 느낌이 들었다. 매일 꾸준히 명상하면서 내 안에 쌓인 부정적인 에너지와 아픈 기억들은 서서히 옅어졌고 무겁게 가라앉아 있던 마음도 많이 가벼워졌음을 느낄 수 있었다. 과거의 트라우마가 불쑥 떠올라 불안과 공포감에 사로잡히곤 하던 내가 명상을 하면서 예전의 기억과 생각을 덤덤하게 바라볼 수 있게 되었고 더는 거기에 얽매이지 않게 되었다.

나는 죽을 때까지
명상하며
살기로 했다

지금도 나는 매일 명상한다. 하루를 명상으로 시작하지 않으면 꼭 샤워를 안 한 것처럼 찝찝해서 견딜 수가 없다. 깊은 명상에 빠져들었을 때의 그 온전한 평화, 그리고 명상을 마치고 눈을 떴을 때 그 꿀맛 같은 개운함은 명상을 해보지 않은 사람은 상상도 못 할 즐거움이다. 이렇게 좋은 걸 왜 이제야 알게 되었을까.

질풍노도의 시기인 청소년기에 학교에 명상 수업이 있다

면 그 시기를 훨씬 수월하게 넘길 수 있을지도 모르겠다. 끔찍한 학교 폭력이 줄어들고 부모님과의 갈등을 더 지혜롭게 풀어 나갈 수 있을지도 모르겠다. 이런 믿음은 나보다 더 오랫동안 명상을 해온 친구를 보며 더 확고해졌다.

오랜만에 만난 친구와 즐겁게 칵테일을 마시면서 한참 이야기를 나누던 중이었다. 그때 한 남자가 우리 쪽으로 다가왔다.

"저기요, 미안한데 하나만 물어봐도 돼요? 저기…… 그 가슴…… 자연산 맞죠? 사이즈가 뭔지 좀…… ."

말끔하게 슈트를 차려입은 남자 입에서 저런 말이 나오다니. 아무리 술이 들어갔다고 해도 도저히 들어줄 수 없을 만큼 천박했다. 내 친구는 몇 해 전 유방암 수술과 가슴 복원 수술을 한 상태였다.

"저 원래 이런 사람 아닌데. 친구들이랑 내기를 해서요."

술에 취해 혀가 풀린 남자는 자기가 지금 대체 무슨 소리를 하고 있는지나 아는 걸까.

"……그쪽 생각은 어떤데요?"

"픕, 글쎄요."

혀가 꼬인 슈트 속 남자가 히죽대며 친구의 가슴을 쳐다보았다.

"내기에 지셨네요. 전 유방암 치료하고 복원 수술 받은 사람이에요."

친구는 담담하게 남자를 쳐다보며 말했다. 단호하고 위엄 있게 그리고 그런 말 따위에는 크게 반응할 필요도 없음을 온몸으로 보여주면서 말이다. 술이 확 깬 듯한 표정으로 성급히 자기 자리로 돌아가는 남자는 참으로 초라해 보였다. 성희롱당한 기분에 그만 자리를 뜨고 싶었지만 먼저 돌아간 건 그 남자들 무리였다. 옆에서 지켜보는 것만으로도 가슴이 콩닥거리고 불쾌했던 나와 달리 내 친구는 금세 마음의 평정을 찾았고 술 먹고 이성을 잃은 사내들의 유치찬란함을 웃어넘기며 크게 문제 삼지 않았다.

명상이야말로 내가 나를 위해 해준 최고의 선물이다. 늦게 알게 된 게 후회되지만 그만큼 앞으로 내가 누릴 명상의 즐거움은 더 클 것이다. 나는 죽을 때까지 매일 명상하면서 살 생각이다. 하면 할수록 더 빠져드는 명상, 이 값진 경험을 더 많은 사람이 해보기를 간절히 바란다.

3.장

직장에서
나를
지키며
일하는
법

민감한
사람만이
갖고 있는
탁월한
업무 능력

　알람 소리에 눈을 떴다. 평소와는 달리 자리에서 벌떡 일어나 샤워를 하고 전날 미리 준비해둔 정장을 꺼내 입었다. 창밖은 아직 어둑어둑하다. 이게 몇 달 만에 느껴보는 긴장감인가. 오늘은 긴 구직활동 끝에 새로운 직장을 찾은 내담자 A 씨의 첫 출근날이다. 지적이고 영민한 그녀는 소위 말하는 신의 직장에서 남들이 부러워하는 연봉을 받고 일했다. 하지만 건설적인 비판을 가장한 부정적인 피드백과 사내정치, 동료들 간의 경쟁과 경직된 조직문화를 견디다 못해 결국 사표를 냈고 자신에게 맞는 업무환경을 찾아 나서기로 했다.

자신의 민감한 기질을 누구보다 잘 알고 있는 그녀가 이직을 준비하면서 가장 중요하게 생각한 게 있다. 바로 자신의 민감성을 외면하지 말고 본연의 특징으로 받아들여 더는 자신에게 맞지 않는 목표를 좇느라 시간과 에너지를 낭비하지 말자는 거였다. 민감한 이들에겐 부담으로 다가오는 일을 억지로 해내자신을 소진시키고 만족스럽지 않은 결과를 보면서 자신을 책망하는 건 정말로 백해무익한 일일 뿐이다.

공격적인 태도와 잦은 언쟁이 일반적이었던 옛 직장에서그녀는 심신이 고달플 수밖에 없었다. 그들과 똑같이 될 수 없음에 자괴감이 들었고 정이 많고 배려심 깊은 그녀의 자상함은이내 약점이 되어버렸다.

그럼 누구보다 뛰어난 감성 지능을 가진 그녀가 이직한 곳은 어떤 곳일까. 소리에 민감한 그녀는 전보다 정적이고 조용한 업무환경을 찾았다. 칸막이가 있어 각자의 영역이 구분되는 곳이면 더 좋았을 테지만 그렇지 않아서 나름 아이디어를냈다. 책상 위에 작은 화분과 액자를 놓아 앉아 있을 때 자신을 둘러싼 요새처럼 꾸며놓은 것이다. 좋아하는 책과 소품으로 마주 앉은 동료를 시야에 보이지 않게 해 프라이버시를 확보했다.

뛰어난 자율성과
창의성

상사의 명령에 따라 획일적인 업무를 하는 동안 옷장 속에 갇혀 있는 것처럼 갑갑하기만 했다는 A 씨. 그래서 이번에는 자신의 독창적인 아이디어가 존중받을 수 있는 업무를 할 수 있는 곳을 선택했다. 틀에 박힌 HR 업무만 하다 변화를 꾀하는 회사로 옮기면서 자신의 창의성과 독창성이 높이 평가받고 있다며 즐거워했다.

회사의 복지 수준 향상이 결국 생산성 향상으로 이어진다고 생각한 그녀는 특유의 세심함을 발휘해 다른 팀원들이 생각하지 못한 부분으로 눈을 돌렸다. 업무환경 개선을 위해 사무실 의자를 편안한 것으로 바꾸고, 조명 밝기를 최적화하자는 의견을 내놓기도 했다. 하루를 시작하기 전 15분 동안 직원이 함께 명상하는 시간을 갖자고 제안하기도 했다. 부산스러운 마음을 진정시키는 데 도움을 주는 명상 음악을 틀어놓으니 처음엔 시큰둥하던 직원들도 하나둘씩 눈을 감고 아무것도 하지 않는 그 시간을 기다리게 되었다고 한다. 또한, 컨디션이 좋지 않은 직원은 아침부터 저녁까지 HR 직원의 친밀한 보살핌을 받을 수 있게 했다. 아픈 몸에도 불구하고 출근했으니 약을 챙겨주고 점심 도시락을 사다 주는 것, 퇴근할 때 택시를 불러주는 건 회사가 해줄 수 있는 인간적인 배려라 생각해 착안한 것이다.

이렇게 마니토처럼 직원을 케어해주는 역할은 그녀가 자

청한 일이다. 직원들 생일을 챙기고 선물을 준비하고 카드를 쓰는 동안 느끼는 따스함이 그녀에겐 일하는 데 있어 원동력이 되기 때문이다. 사소하기에 남들은 하지 않으려 하는 일도 감정이입에 능한 그녀에겐 동기부여가 되는 것이다.

'헬조선,' 'N포 세대'라는 말이 나올 정도로 먹고살기도 힘든 이 나라에서 취직만 되면 소원이 없겠다고 생각하는 이들이 많을 것이다. 스펙 쌓는 데 청춘을 바쳐도 뭐 하나 보장되는 게 없는 현실에서 적성과 기질에 맞는 직업을 찾는 것은 아무나 누릴 수 없는 사치라 여길 수도 있다. 원하는 직업과 업무환경을 마음대로 선택할 수는 없겠지만 어떤 점이 내게 독이 되는지, 내가 좀 더 편안하게 일하려면 어떤 점이 보완되어야 하는지를 인지하는 건 중요하다. A 씨의 경우 자신이 바라는 근무환경과 일의 성격을 스스로 잘 파악하고 있었고, 그래서 원하는 직장을 찾아 이직할 수 있었다.

누구나 조직의 구성원으로서 가치 있는 사람이기를 바라며 존중받기를 원한다. 민감한 사람일수록 자기효능감을 더 많이 필요로 한다. 비난과 공격을 일삼는 상사의 거친 언행에 계속해서 노출되면 민감인은 그 부정적인 에너지에 눌려 균형을 잃고 만다. 개선점을 알려주되 성과를 인정해주고 격려해주는 정서적 지지가 있어야만 민감한 이들은 긍정과 부정의 에너지 속에서 균형을 잡을 수 있다.

민감한 사람을
필요로 하는
하이 콘셉트의 시대

《새로운 미래가 온다》의 저자이자 세계적인 석학 다니엘 핑크Daniel H. Pink는 미래는 우뇌형 인간이 주도할 것이라 했다. 이제 기계화, 자동화 시대는 가고 하이 콘셉트High Concept의 시대가 왔다는 것이다. 직관, 창의성, 감정이입이 부각되는 하이 콘셉트의 시대야말로 민감한 사람들이 진가를 발휘하고 더 많은 역할을 할 수 있는 시대임이 틀림없다. 민감한 사람들의 풍부한 감성과 기존의 틀을 깨는 독창적 아이디어, 그리고 허를 찌르는 통찰력이 빚어낸 결과물을 이제는 인정할 수밖에 없는 시대가 도래한 것이다. 민감함이 더 이상 약점이나 결함이 아닌, 이 시대가 원하고 필요로 하는 요소이자 성공의 발판임을 외면해서는 안 된다.

민감한 기질의 사람은 예리하고 섬세한 촉을 가졌다. 이들은 트렌드를 잘 파악할 뿐만 아니라 미래를 예측하고 거기에 발맞춰 준비할 수 있는 충분한 능력이 있다. 마켓 트렌드는 물론, 고객의 니즈, 나아가 사회 전반의 니즈를 읽어내는 예지력은 민감인이 실력을 인정받고 입지를 굳히는 데 큰 역할을 할 것이다. 하이 콘셉트의 시대에 발맞춰 진보하려면 시대가 요구하는 재능을 타고난 민감한 사람들이 필요하다는 사실에 의문의 여지가 없다.

그렇다면 우리는 언제까지 민감함에 대한 그릇된 인식에 갇혀 지낼 것인가? 민감성에 대한 편견이 계속된다면 이는 사회 경제적 손실로까지 이어질 수밖에 없다. 시대의 변화에 발맞추지 못하는 회사는 유능한 직원을 알아보지 못하고 잃게 될 것이다. 민감인의 선견지명과 독창적 아이디어를 받아들이고 활용하지 못하는 조직은 하이 콘셉트 시대에 정체되고 결국 도태되는 수순을 밟을 것이다. 다양성을 존중하자는 말이 무색하리만큼 다수에 편향된 우리 사회와 조직이 하이 콘셉트 시대에 돌입할 준비가 과연 되기는 한 걸까? 민감성에 대한 사회적 인식과 이해도가 낮아 민감한 사람들이 제 역량을 발휘할 수 있는 업무환경은 찾기조차 어려운 실정이다. 도래하는 시대에 걸맞게 이제는 조직문화와 업무환경도 달라질 필요가 있음을 느끼는 건 비단 민감한 사람들만이 아닐 것이다.

남들보다 발달된 신경계를 가진 민감인은 모든 자극을 더 생생하게 느낀다. 이 때문에 업무환경이 주는 스트레스에 더 취약하고 더 빨리 피곤해질 수밖에 없다. 우리는 조용한 환경에서 집중력이 강화되고 누군가에게 방해받지 않을 때 최고의 능력을 발휘한다. 하달식 조직문화보다 자기 주도적으로 일할 때 추진력이 생기는 게 민감인의 특성이다. 이렇다 보니 민감인들은 1인 기업이나 프리랜서처럼 자기 페이스를 조절할 수 있을 때 일의 만족도가 더 높다.

민감성을 고려하지 않는 조직에서 일한다면 스마트워크

센터나 재택근무제를 적극적으로 활용하기를 권한다. 일주일에 하루만이라도 사무실을 벗어나 방해받지 않는 공간에서 일할 수 있다면 기분전환도 되고 스트레스도 줄어들 것이다. 유연근무제를 시행하는 기업이라면 출근 시간을 늦춰 혼잡하고 정신없는 아침 시간을 피하는 것만으로도 자극을 줄일 수 있다. 파트 타임으로 자기 신체 리듬에 맞는 시간대를 선택해서 근무하는 것도 민감인에게 좋은 대안이 된다. 모두 다 아침형 인간이 될 필요도 또 될 수도 없다. 늦은 오후나 동료들이 퇴근한 저녁 시간 이후에 더 많은 일을 처리하는 사람들도 있으니 말이다.

인간적이고 우호적인 환경에서 질책보다는 격려가 민감한 조직원의 성장을 이끈다는 걸 알려주고 싶다. 자율성을 존중하는 환경에서 민감한 이들은 그야말로 물 만난 고기처럼 헤엄치며 멀리, 더 멀리 나아갈 것이다.

조직에 적응하고 남들과 다르게 보이지 않으려 애쓰는 민감한 직장인들은 오늘도 조직원들 사이에서 튀지 않고 자신의 민감성을 드러내지 않으려 많은 에너지를 소비하고 있을 것이다. 이렇게 소비하는 에너지를 업무 활동에 쓸 수 있다면 회사도, 민감인도 원원하게 되지 않겠는가. 에니어그램, MBTI와 같은 성격 유형 검사를 활용해서 직원들의 다양한 성격 유형을 파악하고 각 유형에 적합한 매니징 스타일을 고려해 팀을 이끄는 실용적인 리더십이 필요할 때다.

민감성이
강력한
무기가 되는
직종

"인간의 민감성을 절대 멸시하지 마라. 민감성은 곧 천재성
이다."_샤를 보들레르

프랑스의 시인이자 평론가 샤를 보들레르Charles Baudelaire
의 명언이다. 그의 말은 내게 큰 전율로 다가왔다. 내 삶 속에서
그 누구도 이렇게 명쾌한 해답을 주지 못했기에 더 큰 희망의
언어처럼 느껴졌다. 민감한 사람들은 지금까지 민감성을 감추
려 노력하느라 자신의 재능은 보지 못한 채 살아왔다. 우리의

발달된 감각은 모든 것을 깊이 있게 느끼고 성찰한다. 이것은 남들보다 고통을 더 많이 느낀다는 뜻이기도 하지만 한편으로는 삶의 아름다움을 한층 더 풍요롭게 만끽할 수 있음을 의미하기도 한다.

언제까지 자신의 민감함을 부담스러운 짐짝처럼 취급할 것인가. 민감함이 축복이 되는 삶을 살고 싶지 않은가! 민감인들 스스로 자기가 가진 능력을 알아보지 못한다면 이 세상에 대고 나라는 능력자를 알아봐달라고 외칠 수 없다. 아무리 생각해도 내 민감함이 어떻게 재능이 될 수 있는지 모르겠다면 지금부터 두 눈 크게 뜨고 당신의 기질을 마음껏 활용할 수 있는 직업의 세계로 함께 떠나보자.

민감성은 곧 천재성

민감성이 곧 천재성이라는 말을 듣자마자 가장 먼저 떠오른 건 예술가와 연예인들이었다. 미술가, 음악가, 무용가, 디자이너, 그리고 배우들을 생각해보면 그들의 넘치는 끼와 표현력, 상상력이야말로 깊은 내면세계와 감수성을 가진 민감인이기에 가능한 게 아닐까 싶다. 니콜 키드먼, 스칼렛 요한슨처럼 걸출한 할리우드 배우도 스스로 민감한 사람임을 밝혔다.

민감한 이들은 훌륭한 스포츠 선수가 될 자질 역시 타고나는데 수영, 피겨스케이팅 등 주로 혼자 훈련하고 경기하는 스포츠 종목에서 두각을 나타낸다. 민감한 사람들이 가진 끈기와 작은 부분도 놓치지 않고 철저하게 준비하는 자세, 거기다 몰입하면서 빠져드는 성향이야말로 훈련을 해나가는 데 있어 커다란 장점이 된다. 그뿐만 아니라 풍부한 상상력과 세심함은 경기 장면을 심상화하는 데 매우 유리해 마인드컨트롤에도 도움을 준다.

남들보다 더 발달된 후각이나 미각을 활용할 수 있는 직업도 있다. 유난히 냄새에 민감한 사람은 향기 전문가로 일할 수 있다. 독한 인공 향과 자연 향을 쉽게 구분해내는 능력을 활용해 천연 향수를 개발하고, 명상지도자 과정 수료 후 직접 개발한 자연 향과 명상을 접목해 향기 명상 세션을 연 지인이 있다. 그녀는 이제 새로운 향을 만들어내는 조향사로 업무 영역을 넓혔다. 미각이 발달했다면 식재료 본연의 맛을 누구보다 잘 느낄 수 있을 것이다. 인공조미료와 천연 조미료의 맛 차이를 알아내는 건 식은 죽 먹기일 테니 말이다. 요리가 창의력의 분출구가 될 수도 있다. 자기만의 색깔을 가진 음식을 만들어내는 요리사, 베이킹 전문가, 워터소믈리에, 와인테이스팅 등 발달된 혀의 감각을 필요로 하는 곳에서 민감인은 환영받을 것이다.

생각에 깊이가 있고 새로운 콘셉트를 심도 있게 받아들이는 민감한 이들은 무엇이든 쉽게 익히곤 한다. 특히 언어 감각이 발달한 경우가 많아 외국어를 배우는 데 흥미를 느끼고 남들보다 빨리 습득한다. 이런 강점을 잘 활용해 외국어 강사나 통번역 전문가를 직업으로 삼는 것도 좋다. 고객과 일대일 만남을 선호한다면 외국어 튜터가 될 수 있고, 세션 사이사이에 휴식 시간을 배치해 에너지를 재충전할 수도 있다. 요즘은 온라인을 이용한 화상 강의도 활발하니 재택근무 역시 가능하다. 통역이나 번역을 준비하면서 관련된 주제에 대해 리서치하고 새로운 지식을 쌓는 과정 또한 민감인의 지적 호기심을 자극하기 때문에 매우 흥미로울 것이다.

상대의 말을 잘 들어주고 공감 능력이 뛰어난 민감인은 훌륭한 상담사가 될 자질을 갖추고 있다. 관찰력이 뛰어나고 타인의 감정을 예리하게 잘 파악하는 능력은 심리치료사나 힐러에게 있어 꼭 필요한 재능이다. 타인이 필요로 하는 것을 쉽게 알아차리고 남을 돕는 것에서 보람을 느끼는 민감인이라면 이미 내재되어 있는 돌봄 기질을 활용해 호스피스 간호사나 특수학교 교사도 권해봄 직하다.

일찍이 몸과 마음, 그리고 영혼의 건강에 관심을 갖고 생활 속에서 자연주의를 실천하는 민감인들도 있다. 화학약품이나 인공성분이 갖고 있는 독성에 민감하다 보니 건강한 먹거리와 라이프 스타일을 추구하게 되는 것이다. 그것이 직업으로 이어지기도 한다. 가공식품에 민감한 이들을 위해 자연식 위주의 맞춤 식단을 제공하는 영양사가 그 좋은 예다. 자연치유법으로 건강을 회복한 뒤 허브 전문가가 되어 직접 농장을 열고 유기농 허브제품을 생산하는 사람도 있다. 또한, 꾸준한 기도와 명상을 통해 심신의 안정과 영적 충만함을 얻은 뒤 영성의 길로 들어선 사람도 있다. 민감한 사람들의 높은 자기성찰 지능은 때로 의식의 확장을 가져오는데 이는 민감인을 명상지도자나 종교인의 길로 인도하기도 한다. 성직자가 되지 않더라도 민감인 고유의 포용력과 인류에 대한 사랑은 봉사와 헌신의 삶을 살기에 적합하다. 다이애나 왕세자빈이나 오드리 헵번은 민감인으로서 세상을 바꿀 수 있는 파워를 잘 보여준 인물이다. 이 세상은 민감인의 인도주의를 필요로 하니까 말이다.

민감인은 동식물과의 교감 능력 또한 뛰어나다. 동물 애호가라면 수의사, 펫시터, 동물 미용사, 동물 조련사처럼 자신의 교감 능력과 직관을 살릴 수 있는 직종에서 만족감을 느낄 수 있다. 자연 속에 있는 걸 좋아한다면 정원사, 식물학자, 숲 관리인, 농부, 플로리스트 등의 직업이 삶에 활기를 불어 넣어줄 것이다.

이벤트 기획 분야에서 활동하는 사람도 있다. 민감인이 아니라면 알 수 없는 민감인만의 특징과 니즈를 잘 반영해 구체적이고 섬세한 행사를 준비할 수 있기 때문이다.

타고난 감수성과 창의력을 충분히 발휘하라

민감한 사람의 꼼꼼한 기질이 장점으로 작용하는 분야도 있다. 만약 숫자를 좋아한다면 애널리스트, 회계사, 마켓리서

치 전문가, 체계적인 정리에 능하다면 사서 업무도 잘 맞을 것이다. 책을 좋아하고 사색을 즐긴다면 자신의 풍부한 아이디어를 글로 표현하면서 희열을 느낄 수 있다. 인생의 희로애락을 누구보다 농밀하게 경험하고 느끼고 관찰하는 민감한 이들이야말로 걸어 다니는 이야기보따리 아니겠는가. 그 민감한 감수성과 창의력을 고여 있게 두지 마라. 블로그도 좋고 드라마 대본도 좋고 책 쓰기도 좋다. 민감인의 명민함과 독창성이 자연스럽게 묻어난 글은 읽는 이에게 신선한 충격을 주고 삶을 다른 관점에서 바라볼 수 있게 하는 지침서가 될 것이다.

비즈니스 세계에서 입지를 굳힌 경우도 있다. 오래전부터 알고 지낸 한 지인은 IT 분야에서 최고 전문가로 활약하고 있다. 그는 섬세함을 놓치지 않는 기질과 특유의 성실함이 자신을 지금의 자리에 오르게 했다고 말한다. 수년간의 조직 생활을 거치며 전문분야를 만든 후 독립에 성공한 그는 한곳에 매여 있을 때보다 지금 더 많은 일을 하고 있다. IT 기업에서 공석이 생겼을 때 임시로 최고 정보통신 책임자가 되는가 하면 그 자리에 적합한 인물을 찾는 과정을 도와주기도 한다. 정보통신 분야의 임원 코칭을 하면서 최근에는 자신의 경험과 노하우를 담은 책도 집필 중이다. 직장 생활을 하면서 쌓은 인맥을 통해 코칭 클라이언트를 소개받고 강의 의뢰도 들어온다고 한다. 홀로서기라는 위험을 감수한 만큼 자유로움을 얻었다는 그는 자기 삶의 주체가 되어 일정을 스스로 조절하고 민감한 자신을 위해 셀프케어에 집중하는 지금의 일상이 매우 만족스럽다고 한다.

어떤 직업을 갖고 살아가야 할지를 결정할 땐 각자의 흥미, 관심사, 능력, 건강상태 등 다양한 측면을 고려하지 않을 수 없다. 누군가에겐 적성이, 누군가에겐 금전적 보상이 우선시될 수도 있다. 하지만 민감한 이들이라면 반드시 기억해야 할 게 있다. 민감성을 고려하지 않은 직종과 업무환경은 민감인의 몸과 마음, 그리고 영혼까지도 병들게 한다. 언제까지 대기업 사원과 공무원에만 집착하면서 남들처럼 취업준비에 몰두할 것인가. 민감한 당신이 버텨낼 수 없는 곳에서 이 일을 얼마나 더할 수 있을지 걱정하면서 이미 소진된 에너지를 쥐어짜려 안간힘을 쓰고 있진 않은가? 민감함이라는 보물을 알아보지 못하는 이들 틈에서 자신의 재능을 썩히고 있는 건 아닌가. 이제는 우리 스스로 우리의 자질을 알아봐 주어야 한다. 그리고 이 세상을 위해 내 재능을 쓰고 싶다는 의지를 가져야 한다.

지금까지와는 다른 삶을 살고 싶다면 스스로 내 민감성을 귀한 자원으로 인정해줄 필요가 있다. 내 기질이 강력한 무기가 되는 일을 한다면 우리는 일해서 먹고사는 삶을 넘어 살맛나게 일하면서 돈까지 버는 삶을 누릴 수 있을 것이다.

자극은
줄이고
효율은
높여주는
직장생활
수칙

· 한 번에 하나씩.

· 신경이 곤두설 땐 화장실로 고고씽.

· 계단은 내 쉼터.

· 소음공해는 귀마개로.

· 메신저, 카톡은 무음으로. 핸드폰은 엎어놓기.

· 눈 감고 심호흡하기.

· 집중력이 필요할 땐 미팅룸으로.

오늘도 민감애 씨는 출근길에 마인드컨트롤을 한다. 다수의 비민감인들과 함께 직장생활을 하면서 터득한 자기 보호법을 되뇌고 있자니 마치 셀프케어를 위한 만트라를 읊조리는 것 같다. 수년간 직장생활을 하면서 경험으로 습득하게 된 일종의 생존전략이다. 생존이라는 표현이 서글프긴 하지만 민감한 사람들은 스스로가 자신의 변호인이자 지지자가 되어주어야 한다. 비민감인들과 함께 일하다 보면 분명 그들과 다른 자신의 모습을 의식하게 되기 때문이다.

자기주장을 내세우기보다는 주변에 융화되어 평화로운 생활을 하길 원하는 유순한 기질의 민감인들은 다수에게 자신을 맞추려 할 테고 결국엔 그것이 얼마나 힘들고 사실상 불가능한 일인지 뼈저리게 느끼게 된다. 그러면서 왜 나는 남들처럼 쉽게 적응하지 못할까 고민하고 내 문제가 뭔지, 뭘 어떻게 바꿔야 하는지 걱정하느라 몸과 마음도 지칠 것이다. 어떤가? 혹시 꼭 당신 모습처럼 느껴지지 않는가?

우리들과는 판이한 비민감인들 틈에서 외딴 섬처럼 고립될까 두려워 자기 본연의 모습이 아닌 다른 사람인 척하며 살고 있다면 우선 머릿속에서 지워야 할 게 하나 있다. 남들에게 나를 맞춰야 한다는 생각, 내 민감성을 숨겨야 한다는 그 생각 말이다. 민감한 사람들은 어디를 가든 비주류에 속하다 보니 마치 미운 오리 새끼가 된 것 같은 느낌을 받게 된다. 그런 경험들 때문에 지금까지 자신의 고귀한 민감성을 억누르고 숨기는

데만 급급했다면 이제는 있는 그대로 자신의 모습을 드러내는 연습을 하라. 내 모습 그대로, 나로 살자는 말이다. 민감한 이들은 미운 오리 새끼가 아니다. 우리는 고도로 발달된 신경계를 갖고 태어났으며 높은 인지능력과 깊은 성찰력을 가진 감각적이고 우아한 백조다.

멀티태스킹보다 집중력

민감애 씨가 조직 생활을 하면서 터득한 생존전략을 한번 살펴보자. 멀티태스킹을 대단한 능력으로 여기는 사람들이 있다. 하지만 민감한 사람들은 한 번에 하나씩 일을 처리할 때 더 능률적으로 일할 수 있다. 만약 모니터에 여러 개의 창을 띄워놓고 있다면 지금 하고 있는 업무에 관련된 것만 열어놓도록 하라. 근무 시간에 동료나 친구와 메신저로 농담을 주고받고 수시로 카톡을 확인하는 것도 주의력을 분산시키는 요인이다. 차라리 출근 전, 점심시간, 퇴근 후 등 사적인 메시지를 확인하는 시간을 정해놓고 지금 해야 할 일에 집중하는 게 생산성을 높이는 길이다.

사무실에서 들리는 전화벨 소리, 동료들의 대화 소리, 누군가의 핸드폰 진동음, 복도를 왔다 갔다 하는 사람들의 또각거리는 구둣발 소리, 이런 일상적인 소음도 민감인은 신경이 거슬린다. 이런 소음에 노출되어 있다면 귀마개를 준비해보자.

근무 중에 이어폰으로 음악을 듣는 게 가능하다면 노이즈 캔슬 이어폰을 적극적으로 활용하라. 여의치 않으면 귀마개를 준비해뒀다 티 나지 않게 한쪽만이라도 사용해보자. 좋은 소리만 들리는 이상적인 사무실이 아니라면 사람들의 언쟁을 옆에서 지켜보는 것만으로 민감인은 평화로운 일상이 깨질 수 있다. 이럴 땐 잠시 사무실을 빠져나오는 것도 좋은 방법이다. 부정적인 에너지를 느끼면서 억지로 앉아 있는 건 자신을 방치하는 일이다. 화장실이나 비상계단으로 가서 마음을 진정시키고 남들의 거친 언행에 영향받지 않도록 관심을 다른 곳으로 돌려보자.

온종일 컴퓨터만 바라보며 일하다 보면 눈이 시리고 아플 수 있다. 수시로 눈을 감고 아무것도 보지 않는 휴식시간을 갖는 게 좋다. 자주 자리를 비우는 것이 신경 쓰인다면 책상 앞에 그대로 앉아서 해도 된다. 눈을 최대한 내리뜨고 바닥을 응시하거나 두 눈을 감은 채 천천히 심호흡해보자. 눈을 감고 눈알을 시계방향으로, 또 반시계방향으로 천천히 돌리다 보면 눈의 피로가 풀리는 걸 느낄 수 있을 것이다. 잠자리에 들기 전 눈에 온찜질을 하거나 온열 아이 마스크를 하는 것도 좋은 방법이다.

시급하게 업무를 처리해야 하거나 평소보다 더 강도 높은 집중력을 요하는 일을 해야 할 땐 회의실을 이용하는 것도 방법이다. 물론 상사에게 양해를 구하고 팀원들에게도 미리 알려주어야 한다. 회의실을 예약할 수 있거나 한산한 휴게실이 있다면 말이다. 이때 주의할 점은 상사가 자신을 편애하는 것처럼 보이지 않도록 해야 한다. 민감하기 때문에 사무실에선 일할 수가 없다고 불평하듯 말하는 것도 삼가야 한다. 민감성을 부각시키기보다 업무를 더 잘하기 위해서라고 이야기하라. 업무에 방해되는 요인을 알려주고 문제가 해결되지 않으면 업무 처리가 더딜 수밖에 없음을 강조하는 것이다. 당장 해결할 수 있는 게 아니라면 우선 방해받지 않는 곳에 가서 빨리 일을 처리한 뒤 보고 드리겠다고 차분하게 설명하면 이를 막무가내로 제지할 상사는 없을 것이다. 평소 인내심을 가지고 성실하게 맡은 업무에 충실했다면 상사는 이미 당신의 근무태도와 능력을 높이 평가하고 있을 것이다. 따라서 업무를 더 효과적으로 하기 위한 요청을 고려하지 않을 이유가 전혀 없을 것이다.

나답게 살
권리

민감함을 지나치게 의식하다 보면 자신이 가지고 있는 에너지의 상당 부분이 그런 생각을 하는 데 소비되고 만다. 그러다 보면 정작 해야 할 일을 처리하는 데 필요한 에너지가 부족하게 되고 자연히 업무 능률도 떨어지게 된다. 현재 내가 처리해야 할 일에 에너지가 집중되지 않고 머릿속이 온통 자신의 민감성에 대한 걱정과 불안으로 가득해지는 것이다. 이런 생각에만 사로잡혀 현재를 살지 못하는 이들은 지금 이 순간 누릴

수 있는 즐거움도 나와 상관없는 먼 이야기처럼 느껴질 것이
다.

내가 민감한 사람인 것이 왜 걱정거리인가? 민감하지 않
은 다수의 생각을 그대로 받아들이고 그것이 마치 기정사실인
것처럼 의심 한번 해보지 않고 지낸 날들이 억울하지도 않은
가? 이 말에 눈이 번쩍 뜨인다면 이제 당신도 남들 시선보다 내
심신의 안정과 자유로움, 있는 그대로의 나로 살 권리가 얼마
나 중요한지 깨닫길 바란다.

남들을 이해시키려는 노력은 이제 그만하자. 나와 다른 사
람들에게 내 민감성을 구구절절 설명하면 그들이 공감할 거라
기대하는 것 자체가 무리다. 앞이 보이지 않는 사람에게 아무
리 총천연색 무지개를 설명한들 시각을 상실한 채 태어난 이는
우리처럼 볼 수 없다. 마찬가지로 미각을 상실한 사람에게 단
맛, 쓴맛, 떫은맛, 매운맛이 어떤 것이며 그 각각의 맛이 어떻게
다른지 말해주어도 그 각각의 맛을 알지 못한다. 비민감인에게
민감성을 알려주는 건 이런 것과 마찬가지다. 비민감인들을 설
득하고 그들에게 이해받으려고 노력하는 기저에는 내 민감함
의 가치를 스스로 인정하지 못하고 열등한 기질로 생각하는 사
고방식이 투영된 건 아닌지 점검해볼 필요가 있다.

내향적인
사람이
자신을
홍보하는
방법

무슨 옷을 입을까 옷장을 열고 내일 입을 옷을 고른다. 깔끔하고 세련된 정장이 좋겠다. 너무 여성스럽지 않으면서 프레젠테이션에 적합한 격식 있는 옷을 선택한다. 구두도 미리 골라놓고 자기 전에 마지막으로 발표 내용을 훑어본다. 이미 여러 번 연습해서 내용을 숙지한 상태라 어느 정도 안심이 된다. 내일 중요한 프레젠테이션을 해야 하는 만큼 오늘은 숙면을 취해야 한다.

불을 끄고 누워 내일 있을 상황을 한 번 더 심상화해본다.

며칠 전 미리 둘러본 발표 장소, 포디엄의 위치, 객석과의 간격, 노트북을 설치할 장소, 무대 위에 선 내 모습까지. 미리 골라놓은 옷을 입고, 옷 컬러와 분위기에 맞는 메이크업을 하고, 굽 높이가 적당하고 발이 편안한 구두를 신은 내 모습이 보인다. 자연스러운 표정에 낭랑하고 똑 부러지는 말투가 프리젠터로 제격이다. 나는 발표를 무사히 마치고 박수를 받으며 퇴장한다. 객석에서 보는 내 모습이 어떨지 상상하면 연습한 보람이 있음을 느낀다. 이렇게 심상화하고 나니 제대로 준비한 느낌이 든다. 준비를 많이 하면 할수록 긴장감이 줄어들고 실전에서 당황하지 않을 수 있어 마음이 놓인다.

민감한 사람들은 대부분 내향적이다. 외향적이면서 민감한 사람들도 있지만 수적으로 그리 많지 않다. 내향성이 강한 민감인이라면 프레젠테이션이 부담스럽고 미팅 자리에서 갑자기 질문을 해오면 당황하고 만다. 이렇게 타인의 시선을 한 몸에 받아야 하는 자리에서 밀려오는 불안감을 떨쳐버리는 방법은 철저히 준비하는 것뿐이다. 프레젠테이션을 해야 한다면 여러 번 연습해보고, 미팅이 있다면 벌어질 상황을 예상하고 적절하게 준비하면 된다. 예상되는 질문과 답변을 정리해 미팅 장면을 심상화해보면 불안감이 많이 줄어들 것이다.

내 성과를 어필하기가
민망하지만

남의 말을 잘 들어주는 자세도 좋지만 경청하는 태도가 비민감인들 눈에는 아무 생각 없이 앉아 있거나 업무 파악이 안 된 것처럼 보일 수도 있다. 이 얼마나 억울한 일인가. 왜 아무 의견도 내놓지 않냐는 소리를 듣게 될지도 모른다. 이야말로 진력이 나도록 듣고 살아온 말이 아니던가. 이런 상황을 피하기 위해서라도 우리가 먼저 선수를 쳐야 한다. 하고 싶은 말을 메모해 가거나 미팅 전에 머릿속으로 미리 리허설해보는 것도 좋은 방법이다. 민감인의 심상화 능력은 이럴 때 막강한 자원이 된다. 미팅에서 이 말은 꼭 하고 나오겠다 다짐하고, 말하는 자신의 모습을 시각화해보면 실제 미팅에 들어갔을 때 입이 떨어지지 않거나 할 말이 생각나지 않을 리 없다.

민감한 사람은 맡은 업무를 묵묵히 해낸다. 하지만 차질 없이 일을 완수하고서도 자기가 얼마나 유능한지 굳이 남에게 알리려 하지 않는다. 번잡스럽고 수선 떠는 걸 좋아하지 않아서다. 그래서 민감인들은 자신의 역량을 제대로 인정받지 못하고 승진에서도 제외되기 일쑤다. 무작정 열심히 하는 게 능사는 아닌데 말이다. 민감인의 세심함은 자칫하면 지나친 완벽주의로 이어져 심신의 건강을 해치기도 한다.

우리는 이미 너무 잘하고 있다. 이젠 열심히 일하는 데 주력하기보다 똑똑하게 나를 홍보해야 할 때다. 비민감인들과 함께 일한다면 특히 더 그래야 한다. 내 어떤 점을 어필하는 게 좋을지 몰라 당황스럽다면 다른 동료들보다 내가 더 수월하게 할 수 있는 것을 찾으면 된다. 가장 눈에 띄는 민감인의 강점은 아주 소소한 부분도 놓치는 일이 없다는 것이다. 굳이 애쓰지 않아도 아주 섬세한 부분까지 쉽게 잡아낼 수 있는 민감인의 강점을 마음껏 뽐내고 홍보하라. 동료들이 놓치고 지나간 부분을 발견했을 때 잠자코 있지 말고 내 눈에 들어온 그들의 실수나 프로젝트의 허점에 대해 의견을 말하라. 할 말은 해야 한다고 다짐하고 살아도 여전히 남들보다 신중하고 더 많이 참는 사람이 바로 민감인이다. 평소에는 온건하지만 그때그때 필요한 말은 하는 사람이라는 인상을 주는 것이 포인트다.

당신의 친절과 호의가
통하지 않을 때

사회 초년생 시절 나는 동료들의 잦은 실수와 전혀 미안해하지 않는 태도 때문에 자주 화가 났었다. 이미 몇 명을 거쳐 내게 온 문서에서 오탈자와 계산 착오를 발견할 때면 도대체 왜 남들 눈에는 이런 실수가 보이지 않는지, 앞뒤가 맞지 않는 문장으로 기획안의 질을 떨어뜨리는지 이해할 수가 없었다. 한 번만 읽어봐도 개선점이 눈에 들어오고 잘못된 부분은 그냥 지나칠 수 없다 보니 실수한 당사자에게 오류를 알려주는 일이 빈번해졌다. 처음엔 당사자에게만 티 나지 않게 조용히 알려주었다. 남의 실수를 덮어주고 상사가 눈치채기 전에 정정하도록 도와주는 게 상대를 배려하는 것이라고 믿었기 때문이다. 하지만 이런 일이 반복될수록 동료들은 내 친절함을 당연시하면서 오히려 일을 더 대충대충 하기 시작했다. 어차피 자기들 눈에는 그런 디테일은 들어오지 않고 꼼꼼한 사람이 한 번 더 검토해줄 테니 더 많은 시간과 노력을 들일 필요가 없다고 생각했던 것이다. 그러다 보니 내가 검토하는 문서는 이미 몇 단계를 거친 것이라 거의 완벽해야 함에도 항상 불완전한 문서를 받곤 했다.

"○○ 씨, 보내주신 문서에 내용 연결이 안 되는 부분이 있던데, 혹시 빠뜨린 사항 있어요?"

"예? 어디가요? 아하, 거기 못 보고 지나쳤네요. 지금 보니까."

"그럼 숫자는 확인해보신 거 맞죠?"

"숫자는 ○○ 씨가 계산해보고 적은 걸 거예요."

하지만 앞 페이지에서 본 통계치가 뒤로 오니 슬그머니 달라져 있었다.

"앞하고 뒤하고 숫자가 다른데 어떤 게 정확한 건가요?"

"그건 내 소관 아니니까 ○○ 씨랑 얘기해보세요."

이렇게 뱅뱅 돌며 확인하기를 수차례. 나중에는 심지어 오류가 보이면 대신 고쳐달라는 말까지 들었다. 업무 분담이 희미해지고 누가 무슨 일을 하는지 명확히 설명할 수 없는 상황이 계속되었다. 문제는 이런 상황을 상사가 알지 못했다는 것이다. 서로 간에 사고방식과 업무를 대하는 태도 차이도 있긴 했지만, 내가 이상한 고집을 피우는 건가 싶어 혼자 고민을 떠안고 돌아가는 상황을 투명하게 알리지 못한 내 잘못도 있었다. 별것 아닌 일에도 자기가 불이익을 받는 것 같거나 불만 사항이 있을 때면 조용히 넘어가지 않는 사람들과 나 하나만 조용히 있으면 분란이 일지 않을 거란 생각에 혼자서 참고 또 참기를 반복하는 민감한 내 모습은 극명하게 대비되었다. 사내정치나 뒷담화에 가담하기를 꺼리다 보니 내 애로사항은 온전히 나 혼자만의 문제, 아니 무슨 비밀처럼 되어버렸고, 나는 어쩌지도 못한 채 그렇게 남의 일까지 떠안으며 지내야 했다. 이는 민감인의 배려심이 비민감인들과 같은 주파수에서 공명하지 못함을 보여주는 한 예다.

민감한 우리는 팀 내에서 가장 꼼꼼하고 많은 세부 사항을 인지하는 사람이다. 바로 이 점에 스스로 자부심을 가질 필요가 있다. 우리의 이런 능력을 모두에게 알려라. 세심함과 거리가 먼 동료들은 물론 상사까지 모두에게 민감한 당신의 초특급 인지능력을 알릴 필요가 있다. 당신이 있어서 중대한 실수를 막을 수 있었음을, 세부사항을 보지 못한 동료가 빠뜨린 내용을 당신 덕분에 보완할 수 있었음을 있는 그대로 가감 없이 보여주어라. 이야말로 비민감인들 틈에서 민감인이 어떤 능력을 발휘하는지 알리는 가장 좋은 방법이다.

당신이 생각하는
그런 우정은 없다

성품이 온화한 민감인은 직원들과 좋은 관계를 유지하고자 노력한다. 호전적인 사람들 틈에서 천성이 온순한 민감인은 부정적인 에너지를 상쇄하는 데 도움을 준다. 하지만 반드시 명심해야 할 것이 있다. 높은 공감 능력 덕분에 자주 동료들의 신세 한탄을 들어주어야 하거나, 심하면 남들의 감정 쓰레기통이 될 수 있으니 적절하게 선을 그어야 한다. 또한, 사내에서 단짝을 만들고 사생활을 공유하는 것은 민감한 사람들에게 큰 타격을 줄 수 있으니 조심할 필요가 있다. 되도록 절친은 회사 밖에서 만들길 권한다. 사내에서 감정적으로 얽히면 민감인은 더 크게 휘말리게 되고 이는 업무에도 지장을 주게 된다. 타인과 경계를 명확하게 하는 걸 어려워하는 민감한 이들은 정에 이끌려 자신을 잃어버릴 수 있기 때문에 회사는 일하는 곳이라는 철칙을 세워두는 게 좋다.

혹시 누군가가 유독 친밀하게 다가온다면 우선 그 사람이 나와 비슷한 기질인지 체크해보자. 민감한 이들은 서로를 쉽게 알아본다. 상대가 나처럼 민감한 사람이라면 공감대가 쉽게 형성되고 서로를 이해하기가 훨씬 수월할 것이다. 만약 나와 다른 기질이라면 그에게 나와 같은 생각의 깊이와 감정을 기대하지 않는 것이 좋다. 이는 기질적인 차이로 인해 나타나는 당연한 현상이며 우성과 열성을 의미하는 것이 아님을 분명히 해둔다. 민감한 사람들이 바라는 깊이 있는 우정은 사실상 비민감인에게선 얻을 수 없다. 나도 모르게 속내를 터놓고 심리적으로 의존하거나 민감인에게나 가능한 차원의 배려와 공감을 상대에게 기대한다면 곧 실망하게 될 것이다. 만약 상대가 정치적인 사람이라면 자기 필요에 의해 잠시 친근한 척하는 것일 수도 있다. 필요한 걸 얻고 나면 곧 다른 사람에게 접근하는 야심 있는 이에게 많은 걸 기대했다간 배신감만 느끼게 될지도 모른다.

민감성이 유리하게 작용하는 순간은 또 있다. 민감한 이들은 미세한 표정 변화, 눈빛에 담긴 속마음, 바디 랭귀지, 어조에 담긴 감정 에너지를 즉각 알아차릴 수 있다. 이는 대화 상대를 정확하게 파악하고 적절하게 대응하는 데 큰 도움이 된다. 누가 협조적인지 누가 신뢰도가 낮은 인물인지를 알아보는 직관은 조직 내에서 민감인이 가장 적절하게 활용할 수 있는 능력이기도 하다.

이제 어깨를 활짝 펴고 내 본연의 모습 그대로 세상을 살자. 민감인이 어떤 기질의 사람인지 제대로 알려지지 않은 사회에서 편견에 시달리며 자신의 존재감을 굳건히 뿌리내리지 못한 채 살아온 이들이 이제는 좀 편안해졌으면 좋겠다. 비민감인에게 장점이 있듯이 민감한 사람들에게도 장점이 있음을 깨닫고 그걸 마음껏 활용하면서 살기 바란다. 무엇보다 이제 당당하게, 힘차게 살아가기를 바라고 응원한다!

민감한
사람은
리더가
되지
못한다고?

리더라 하면 가장 먼저 생각나는 게 무엇인가? 카리스마,
자신감 넘치는 태도, 추진력과 결단력, 손익계산이 빠른 사람.
물론 모두 리더십의 중요한 구성요소다. 하지만 많은 이들이
간과하는 게 있다. 바로 이타심과 진정성 또한 인정받는 리더
라면 반드시 갖추어야 할 덕목이다. 직장생활을 해본 사람이라
면 누구나 회사생활에서 인간관계의 중요성과 어려움에 대해
잘 알고 있을 것이다. 그중에서도 가장 타격이 큰 관계는 아마
상사와의 관계일 것이다. 카리스마를 가장한 권위와 자기중심

적으로 직원들을 하대하는 상사에 대해서는 굳이 말하지 않아도 많은 이들이 부정적인 감정일 것이다.

꼭 어느 기업의 수장이나 높은 지위에 있는 사람이 아니더라도 강압적이고 소통 불가인 직속 상사를 심심치 않게 볼 수 있다. 마치 독재자 밑에 있는 듯 무기력해진 직원들은 사기가 저하되고 결국 이직을 결심하기도 한다. 열정이 없는 직원들이 생산성이 높을 리 없다. 동료들 간에도, 고객들에게도 친절하거나 협력적일 수 없으니 이는 리더로부터 시작된 일방적이고 배려심 없는 태도의 도미노 현상이라 할 수 있다.

민감성은 리더십의
중요한 자산

그럼 우리는 어떤 리더를 원하는가? 하달식 업무지시를 하기보다는 직원들의 의견을 들어주고 타당한 것은 수렴해주기도 할 때 비로소 동기부여가 된다. 자기 방식대로만 업무를 추진하는 리더는 조직 구성원의 말을 경청하지 않고, 이미 자신이 답을 갖고 있으니 시키는 대로 따라오라는 태도를 보인다. 경청하지 않는 리더와는 소통할 수 없다. 따라서 직원들은 불만이 쌓이게 되고 직장 만족도는 떨어지는 것이다. 남의 말을 경청하지 않는 사람은 그만큼 공감 능력이 떨어지고 남이 처한 상황과 감정 상태를 이해하기 어렵다.

사람이 모여서 하는 일, 특히 협력이 필요한 일에 있어 타인의 입장을 생각할 줄 알고, 듣기와 공감 능력이 뛰어난 민감한 리더가 존경받는 이유가 바로 여기에 있다. 민감한 사람들의 이타심은 인간적이고 친절한 리더의 모습으로 발현되는데 이는 함께 일하는 직원들의 행복감을 높여준다. 직원들을 대할 때 의욕을 북돋아 주고 격려해주면서 그들이 가진 능력을 최대한 이끌어내는 리더는 조직의 힘을 극대화시킬 수 있다.

《실행지능》의 저자 저스틴 멘케스Justin Menkes는 임원 평가 분야 전문가다. 그 역시 민감성의 가치에 대해 다음과 같이 말한다.

민감성은 리더십의 중요한 자산이다. 실제로 리더가 되려는 사람들은 민감해야 한다. 직원들의 잠재력을 최대한 실현시키고자 한다면 말이다. 훌륭한 리더는 직원들의 반응과 업무 현장의 리듬, 미세하면서 말로 잘 표현되지 않는 고객의 태도 변화를 예리하게 인식하고 있다는 점에서 매우 민감하다는 걸 알 수 있다.

예리하고 섬세한 민감인의 특성은 훌륭한 리더십의 구성 요소다. 민감인의 높은 자기성찰 능력이 결국에는 타인을 이해하는 데도 도움이 되니 민감한 사람이야말로 포용력 있고 신임이 두터운 리더가 될 수 있다. 민감성이 얼마나 큰 가능성으로 연결되는지 알고 나니 가슴이 뛰지 않는가!

갈수록 건강하고 깨끗한 먹거리는 찾기 힘들어지고, 매일 사용하는 치약과 세제, 여성용품 등에서 유해물질이 발견돼 세상이 떠들썩하다. 이제는 믿고 쓸 수 있는 제품을 생산하는 기업이 몇이나 되는지 의문스럽기까지 하다. 친환경 유기농이라고 광고하는 제품이 그렇지 않은 것으로 밝혀졌을 때 그 제품을 만든 기업의 진정성은 의심받게 된다. 진정성이라는 말이 왠지 비즈니스와는 관계없는 말처럼 들릴 수도 있지만 기존 기업들과 달리 기업윤리와 책임경영을 중시하는 색다른 리더십으로 주목받고 있는 곳도 있다.

남다른 기업
파타고니아의
리더

"이 재킷 사지 마세요."

2011년 미국의 최대 세일 기간인 블랙프라이데이를 맞아 내놓은 한 회사의 광고다. 자사 제품인 회색 재킷 사진과 함께 실린 이 문구는 많은 사람의 의문을 자아내기에 충분했다. 자기네 옷을 사지 말라니, 이게 무슨 광고인가 싶어 어리둥절하다. 재킷 사진 아래 다음과 같은 문구가 적혀 있다.

"필요하지 않은 건 사지 마세요. 구매하기 전에 한 번 더 생각해보세요."

미국의 아웃도어 브랜드인 파타고니아가 내놓은 광고였

다. 파타고니아는 미니멀리즘을 추구하는 서퍼와 등반가들이 시작한 작은 회사였는데 지금은 등산 장비뿐 아니라 스키, 스노보드, 서핑, 플라잉 낚시, 트레일 러닝, 요가에 필요한 제품까지 생산하는 기업으로 성장했다. 파타고니아 창립자는 10대 때 등반을 시작하면서 직접 등반용품을 만들어 썼는데 이것이 회사 설립의 기반이 되었다고 한다. 등반 장비 회사로 성장 가도를 달리던 시절, 그는 자신이 만든 장비가 암벽을 망가뜨리는 주범이라는 사실을 깨닫고는 주력제품 생산을 과감히 중단했다고 한다. 대신 자연환경을 파괴하지 않는 대체상품을 만들어 소비자들에게 바위에 상처를 내지 않는 친환경적 등반을 촉구했다고 하니, 이익에 앞서 환경보존의 중요성과 소비자의 인식 개선을 고려한 그의 진정성이 경영 정신에까지 녹아 있음을 알 수 있다.

파타고니아는 고객들에게 망가진 옷을 고쳐 입고, 낡은 옷을 재사용하고 재활용하라고 촉구한다. 꼭 필요한 것만 구입해 불필요한 소비를 줄이면 돈을 절약할 수 있고 자연을 보존하는 데도 도움이 된다는 것이다. 실제로 파타고니아의 웹사이트에는 제품 수선 방법과 취급 방법이 상세하게 소개되어 있다. 중고 제품을 판매하는 매장도 있고 더 이상 입을 수 없는 낡은 옷을 매장에 반납하면 새로운 상품을 만드는 데 활용한다고도 한다. 아버지가 입던 파타고니아 재킷을 물려받은 아들의 이야기, 신혼여행 때 입었던 등산복을 입고 결혼 20주년을 기념한 부부의 이야기를 들으니 옷을 입는 사람들의 추억까지 담겨 있는 내구성 있는 제품이야말로 진정한 명품이 아닐까 싶다.

이 회사가 내 마음을 움직인 건 창립자의 경영 철학 때문이다. 제품을 만들고 판매하려면 자연을 파괴할 수밖에 없다는 생각에서 벗어나 비즈니스를 하면서도 지구의 자원을 최대한 덜 쓰는 방식을 추구했던 것이다. 자연을 파괴하지 않는 제품들을 개발하려 노력했지만 존재만으로도 자연을 해친다는 '마음의 빚'이 있었다고 말하는 경영자의 인터뷰를 보면서 그 진솔함에 큰 박수를 보냈다.

파타고니아는 '최고의 제품을 만들되 불필요한 환경 피해를 줄이고 사업을 통하여 환경 위기에 대한 공감대를 형성하고, 실행한다'는 사명을 갖고 있다. 또한 매년 매출액의 1%를 전 세계 곳곳의 환경보호단체를 후원하는 데 사용한다고 한다. 미국 유타주의 '베어스 이어Bears Ears' 지역을 국립자연보호구역으로 지정하는 데도 영향력을 행사하였다. 이 지역은 원주민들이 신성한 기운이 서려 있는 땅이라 여기는 곳이며, 신기한 모양의 암석이 많아 산악인들에게도 소중한 지역이라고 한다. 석유 개발업자들과 채굴업자들의 반대에 맞서 이 지역을 지키고 보호하려는 사람들을 도왔고, 결국 오바마 행정부 시절 자연보호구역 지정을 이끌어냈다고 한다.

민감한 리더의
선한 영향력

이처럼 수익만 좇기보다 환경을 생각하고 공공의 선을 추구하는 리더가 이끄는 기업이라면 그 진정성을 믿어봄 직하다. 이렇게 사려 깊은 리더는 당장 눈앞의 이익만 좇기보다 자신의 결정이 미치게 될 영향에 더 무게를 둔다. 자신의 리더십이 직원들에게 미칠 영향뿐 아니라, 소비자, 더 나아가 우리가 살고 있는 지구에 미칠 영향까지 고려하는 리더의 진중함이야말로 민감한 사람이기에 가능한 선한 영향력을 보여준 사례가 아닐까 싶다.

자연환경과 동물, 건강한 삶의 중요성을 누구보다 잘 인식하고 있는 민감한 사람은 리더가 되었을 때 이런 요소들을 충분히 고려해 확신을 갖고 사업을 추진하게 된다. 수익을 내기 위해서 꺼림칙하고 마음 편치 않은, 직관에 어긋나는 결정을 내리지 않을 확률이 높다. 이는 자신의 정체성과 어긋나기 때문이다. 민감한 리더는 경영관에도 세상을 보는 자신의 철학과 민감인 특유의 진실함을 투영해 대중에게 믿음을 준다.

이제 민감한 리더가 필요한 시대가 오고 있다. 언제까지 완고한 사고방식으로 기존의 리더십 양상을 당연시할 것인가. 거칠고 공격적인 리더들이 벌이는 일을 보며 분개하는 데 그칠 것이 아니라 이제 어떤 변화가 필요하고 어떤 리더가 필요한지 생각해봐야 할 때다.

민감한 사람이 리더가 될 수 있겠냐고 반문하는 비민감인들, 그리고 스스로 리더 자질이 없다고 지레짐작하는 민감인들에게 이 글이 생각의 전환을 불러오고 신선한 자극을 주었으면 하는 바람이다. 민감성이야말로 유능한 리더가 갖추어야 할 자질 중 하나임을 깨닫고 이를 인정해주면 민감한 사람들도, 그렇지 않은 사람들도 오래된 잘못된 사고의 틀에서 벗어날 수 있을 것이다. 새로운 미래를 준비하며 이제 모두가 깨어날 때다.

4.

장

지친 몸과
마음을
회복하는
자가
치유법

이타적인
사람들의
병,
부신
피로증후군

한 주의 업무를 마무리하고 주말을 시작하는 금요일 저녁. 나는 파김치처럼 축 늘어져 있었다. 집으로 돌아가는 지하철 안에서 손잡이 하나에 겨우 몸을 의지해야 했다. 지하철이 덜컹거릴 때마다 금방이라도 쓰러질 것만 같았다. 모두 불금을 외치며 친구를 만나거나 여행 준비를 하며 주말을 마음껏 즐기는데 오로지 나만 집에 빨리 가서 눕고 싶어 했다. 혈기왕성하고 하고 싶은 것도 많은 20대에 나는 지독한 피로감과 싸워야 했다.

지친 몸과 마음을 회복하는 자가 치유법

극심한 피로의
원인

일주일 정도 밤을 새웠을 때 느껴지는 극심한 피로와 눈의 통증, 온몸이 쑤시는 듯한 고통을 매일 느끼면서 살아왔다고 하면 설명이 될지 모르겠다. 그저 약한 체력을 타고났으려니 하며 참고 살기에는 정도가 너무 심했다. 사회생활을 하면 할수록 감당해야 할 스트레스는 점점 더 많아졌고, 개인적인 일까지 겹치면서 나는 죽지 못해 사는 사람처럼 하루하루를 연명해야 했다. 한창 예쁘고 팔팔할 나이에 그렇게 시들어가는 사람은 나밖에 없는 것 같았다. 보약을 먹어도, 밥을 꼬박꼬박 챙겨 먹어도 기운이 나지 않았다.

체력을 키우기 위해서는 운동을 규칙적으로 해야 한다는 생각에 퇴근 후 피곤한 몸을 이끌고 운동을 해보기도 했다. 지금 생각해보면 그렇게 억지로 운동을 했던 게 내 몸 상태를 더 나쁘게 했던 것 같다. 안 그래도 에너지가 없는 사람이 쉬지는 않고 운동을 하니 운동 후에 개운해지기는커녕 샤워할 기운도 없을 정도로 힘들었던 게 이젠 이해가 된다. 건강검진을 해봐도 아무 이상이 없었고 특별히 질병이 있는 것도 아니었다. 오랜 세월 내 삶의 질을 떨어뜨리는 피로감을 어쩌지 못하고 그저 참고 견디며 살아왔던 것이다.

내가 얼마나 민감한 사람인지 알게 되고 그런 나를 있는 그대로 받아들이게 되면서 깨달은 게 하나 있다. 민감성을 갖고 태어난 사람들은 그렇지 않은 사람들보다 더 많이 피곤할 수밖에 없다는 점이다. 특히 초민감인의 경우 타인과 나 사이에 경계가 없다 보니 남의 고통과 어려움을 내 일처럼 느끼고 아파하게 된다. 연민의 정과 이해심이 넘쳐나 항상 남을 도와주고 싶어 한다고 보면 된다. 말하지 않아도 느껴지는 상대방의 감정을 읽으면서 그 사람의 슬픔과 고통을 느낀다. 본인과 가족, 친구들 일뿐만 아니라 주변 사람들, 전해 들은 이야기나 뉴스에 보도된 안타까운 소식들까지도 초민감인은 꼭 자기 일처럼 느낀다. 이렇게 세상의 모든 짐을 혼자 다 껴안고 살다 보니 남들보다 더 많이 피로할 수밖에 없는 것이다.

남을 걱정하고 뭐든 도움이 되고 싶어 하는 민감인의 습성은 훌륭한 상담사나 치유사가 되는 데는 유용할지 모르지만 자신은 돌보지 않고 남에게만 관심과 애정을 쏟아 결국 건강을 해치게 된다. 이렇게 지독한 이타심은 나를 우선순위에 두지 않고 남의 편의와 기분만을 생각해 항상 남에게 맞춰주는 상황을 만들고 만다. 나 역시 그렇게 남을 배려해야만 마음이 편했다. 하지만 그렇게 살아온 나날만큼이나 극심하게 쌓인 내 피로감을 생각하니 이젠 나를 돌보는 게 얼마나 중요하고 시급한지 알게 되었다. 내가 건강하지 않으면 남을 도와줄 수 없다. 내가 행복하지 않고 내 삶의 질이 현저하게 떨어진 상태에서는 아무것도 할 수 없음을 온몸으로 깨달았기 때문이다.

지친 몸과 마음을 회복하는 자가 치유법

자연요법을 공부하다 보니 나는 과중한 스트레스와 감정 소모를 감당하지 못해 부신피로증후군Adrenal Fatigue을 앓고 있었음을 알게 되었다. 오랫동안 쌓인 스트레스와 해결되지 않은 개인적 이슈, 남들보다 민감한 감각과 자신을 최우선 순위에 놓지 못하는 이타심 등 복합적인 원인으로 인해 부신피로증후군이 생긴 것이다. 부신은 콩팥 위에 위치한 내분비 기관으로 스트레스에 적응해 살아남을 수 있도록 해주는 역할을 한다고 한다. 부신이 제 기능을 하지 못하니 호르몬이 제대로 분비되지 않아 늘 피곤하고 무기력했던 것이다. 부신피로증후군이라는 개념은 서양의학에서는 잘 알려져 있지 않아 병원에서는 진단할 수 없다고 들었다. 건강 검진을 받았을 때 아무 이상이 없다고 나왔던 것도 그런 이유가 아니었나 싶다.

당시 나는 매일 아침 침대에서 나오는 것조차 힘들고 고통스러웠다. 항상 커피와 과자, 케이크처럼 달콤한 게 먹고 싶었고, 안개 자욱한 곳에서 길을 잃은 듯 막막하고 생각도 또렷이 할 수 없었다. 쉽게 머리가 아프고 온몸이 쑤실 정도로 피곤했지만 정작 밤에는 잠을 잘 자지 못했다. 일상적인 스트레스조차 감당하지 못할 정도였고 그저 모든 게 괴롭고 귀찮았다. 피곤한데도 잠을 제대로 자지 못하니 날이 갈수록 피로는 점점 더 쌓였다. 그러니 신경이 곤두서 있고 늘 우울했다.

놀라운
허브의 효능

더는 이렇게 살 수 없었다. 나는 고심 끝에 부신에 좋다는 허브를 구해 복용하기 시작했다. 허브는 말린 잎이나 가루 타입이 있고 먹기 편하게 캡슐 형태로도 나온다. 처음엔 이름도 생소한 허브가 얼마나 효과가 있을지 의문스러웠고, 허브 전문가를 수소문해 찾아가 봐야 하는 게 아닌가 싶었다. 한약방이나 약초 전문가를 찾아가 처방을 받을까 하는 생각도 했다. 하지만 이런 생각은 금세 바뀌었다. 누군가에게 의존하지 않고 스스로 자기 자신에게 맞는 치유법을 찾아 공부하면서 더 많은 걸 발견할 수 있음을 깨달았기 때문이다. 나를 가장 잘 아는 건 바로 나라는 생각이 들었다. 허브를 이용한 자연요법과 통합의학과 관련된 서적을 보고 역량이 검증된 해외 허브 전문가들의 수업을 들으면서 내게 필요한 정보를 충분히 얻은 후 자가 치유가 가능하다는 확신을 얻었다.

부신피로증후군에 효과적이라는 허브를 먹은 첫날이었다. 허브를 먹고 조금 지나자 눈의 피로와 몸의 통증이 풀리는 게 느껴졌다. 신기한 마음에 허브를 매일 규칙적으로 복용하면서 내 몸 상태를 체크하기 시작했다. 놀랍게도 항상 뻑뻑하고 따갑던 눈의 피로감과 몸의 긴장 상태, 피곤한 게 조금씩 풀리기 시작했다. 수면의 질도 좋아졌다. 예전보다 잠을 푹 자게 되니 그만큼 아침에 일어나기가 더 수월해졌다. 민감한 내 성향을 염두에 두고 극소량씩 늘리며 내게 맞는 적정량을 찾아냈다. 부신피로증후군에 시달린 기간이 길었던 만큼 회복하는 데도 시간이 걸리겠지만 충분히 휴식하고 나를 아끼는 마음이 있다면 점점 더 좋아질 거라 믿는다.

허브는 효과가 좋은 만큼 복용 시 주의가 필요하다. 과다 복용하거나 장기간 쉬지 않고 먹게 되면 자칫 의존성이 생길 수도 있다. 그러니 자신에게 맞는 용량을 복용하면서 가능한 한 스트레스 요인을 없애고, 과중한 책임감과 모두를 도와줘야 한다는 생각을 의식적으로 내려놓을 필요가 있다. 주변 사람들의 문제를 대신 고민해주고 해결책을 찾아주려 하는 민감한 사람들의 천성이 본인을 아프게 할 수도 있음을 꼭 기억하길 바란다. 민감한 사람이라면 누구나 피로에 취약함을 잊지 말고 너무 많은 감정 소모와 에너지 고갈로 번아웃 되지 않도록 조심 또 조심해야 한다. 이제 허브는 내게 없어서는 안 될 존재가 되었다. 자연치유법을 공부하고 허브에 대해 알게 된 건 정말 내 인생 최고의 행운이다.

타인의
부정적인
감정에
휘둘리지 않는
방법

주말 오후 카페에서 있었던 일이다. 주말인지라 평소보다 사람이 많았고 주문하려면 줄을 서야 했다. 순서를 기다리며 어떤 음료를 주문할지 생각하는 중이었다.

"어이, 여기 카페라테 하나."

내 뒤에 서 있던 아저씨가 큰 소리로 직원에게 하는 말이었다. 등 뒤에서 들려오는 큰 소리에 반사적으로 뒤를 돌아본 후 내 시선은 자연스레 매장 직원에게로 향했다.

"잠시만 기다려주세요. 줄 선 순서대로 주문받습니다."

직원은 소리 나는 쪽을 흘끗 쳐다보더니 무표정하게 말했다. 줄을 선 채 기다리고 있자니 갑자기 가슴에서 뭔가 찌릿하고 뜨거운 느낌이 들면서 화가 나기 시작했다. 나는 그저 조용히 줄을 서서 내 차례를 기다리고 있을 뿐이었는데 말이다. 속에서 천불이 나면서 기분이 엉망이 되었다. 내 순서가 되어 직원에게 가까이 다가서니 화가 나서 말이 부드럽게 나오지 않을 지경이었다. 로봇처럼 경직된 얼굴과 돌처럼 딱딱하게 굳은 직원의 말투가 내 심기를 더 불편하게 했다. 나는 겨우 주문을 마치고 계산하기 위해 신용카드를 내밀었다.

"이게 다세요?"

커피랑 함께 먹을 디저트는 주문 안 하냐는 의미였다. 보통은 "다른 거 더 필요한 건 없으세요?"라고 물어보는데 이 직원은 말을 짧게 끝냈다. 그 짧고 퉁명스러운 말투를 듣자니 화가 머리 끝까지 솟구쳐 올랐다. 나는 잠시 직원을 쳐다보고는 겨우 고개만 끄덕였다. 원래 계획대로라면 커피 한잔하면서 책을 읽다 오려 했지만 도저히 그곳에 더 있을 수 없었다. 카페 안에서 계속해서 들릴 그 직원 목소리가 나를 불쾌하게 만들 거란 걸 알고 있었기 때문이었다.

커피를 받자마자 카페에서 나와 무작정 걷기 시작했다. 바깥 공기를 쐬며 한참을 걸었더니 화가 좀 식는 것 같았다. 소음에서 벗어나 나무 근처 벤치에 앉아 한동안 넋을 놓고 있었다. 그러다 문득 도대체 뭐가 나를 이리도 화나게 한 건지 생각해보았다. 카페 안에 있던 다른 사람들은 큰 소리로 주문을 하는 그 아저씨를 쳐다보지도 않았고, 자기 하던 일을 계속할 뿐이었다. 직원의 태도에 짜증이 나고 신경이 거슬린 사람도 나 말고는 없어 보였다.

'이상하다……. 왜 갑자기 그렇게 화가 나고 짜증이 밀려왔던 걸까. 그 아저씨 목소리에 깜짝 놀라서 그랬던 걸까……. 아니면 줄 서서 기다리는 게 싫어서였나……? 직원의 상냥하지 않은 태도가 거슬렸던 걸까……?'

무표정한 직원의
본심

나는 여전히 내 마음속에 남아 있는 그 뜨거운 감정의 잔해를 떨쳐버리지 못하고 있었다. 이런 일이 있고 나면 며칠이 지나도 평정심을 되찾기가 힘들다.

며칠 후 친구를 만나기 위해 그 카페를 다시 찾았다. 그날은 평일이어서 한산했다. 그날 봤던 그 직원이 주문을 받고 있었다. 사람이 많지 않아 스트레스가 적은지 목소리 톤이 전보다 조금 높았고 고객들에게 친절하게 대하려 노력하는 듯했다. 우리는 주문하려고 그 직원 앞에 섰다. 내 친구는 아무렇지도 않게 주문을 했지만 직원의 얼굴을 쳐다본 나는 또다시 불쾌감에 휩싸였다. 남들이 보기엔 그저 무표정하고 덤덤하게 보였을 테지만 나는 그 직원의 날카롭고 영악한 눈빛을 감지할 수 있었다. 말 자체보다 말투와 뉘앙스를 남들보다 더 빨리 감지하는 내겐 아무리 로봇처럼 무장한 사람이라도 이면에 숨겨진 감정과 본심이 훤히 보이고 느껴졌다.

그날 내가 느낀 분노와 짜증은 그 직원의 것이었다. 직원 앞에 가까이 다가갔을 때, 그의 눈빛을 보고 그의 말투를 들었을 때, 화가 증폭되고 더는 그 근처에 있기 싫었던 데에는 다 이유가 있었다. 그 사람이 속으로 얼마나 화가 나고 짜증이 난 채 일을 하고 있는지를 내가 온몸으로 고스란히 느꼈기 때문이다.

타인의 에너지에 대한 방어막이 없는 초민감인은 이렇게 남의 감정 에너지까지도 모조리 흡수해 내 것인 양 느끼게 된다. 그 감정이 내 것인지 남의 것인지 구분하지 못하는 경우가 많고, 그러다 보니 자신이 성격이 좋지 않거나 감정 기복이 심한 사람이라고 생각하면서 살기도 한다. 이렇게 타인과 나와의 경계가 없다 보니 마음의 안정과 건강을 유지하기 어렵다.

긍정적인 감정이라면 나를 즐겁게 해주는 것이니 문제 되지 않는다. 하지만 팍팍하고 메마른 사회에서 흔히 접하게 되는 타인의 부정적 감정이 초민감한 사람의 심장을 침투할 땐 균형을 잃고 휘청거릴 수밖에 없다. 나와 관련 없는 상황이라도 부정적 에너지를 가진 사람과 같은 장소에 있으면 그 사람의 에너지를 느끼고 영향을 받게 된다.

지금 이 감정은
내 것인가
남의 것인가

갑작스럽게 밀려드는 감정의 파도에 압도당할 때면 심호흡부터 해야 한다. 그리고 주위를 둘러보며 어떤 일이 벌어지고 있는지 살펴본다. 카페에서 겪었던 일처럼 평화롭고 잠잠하던 내 마음이 주변 사람들의 대화나 옆에서 벌어지는 상황에 영향을 받았을 확률이 높기 때문이다. 내 뒤에 서 있던 아저씨가 차례를 기다리지 않고 큰 소리로 주문한 것에 직원은 신경질이 났고 나는 그 직원의 불쾌한 감정을 나도 모르게 흡수했던 것이다. 섬세한 감각을 지닌 나는 그 직원의 눈빛과 말투에서 그 속마음을 확인했던 거다. 의식적으로 주변 상황을 살펴보고 내가 왜 이렇게 느꼈는지, 그럴 만한 상황이었는지를 알게 되면 '아, 지금 이 감정은 내 것이 아니구나. 주위에 누군가 이렇게 느끼고 있는 사람이 있구나'라고 깨닫게 된다. 이렇게 알아차리는 순간 부정적 감정은 사라진다. 내 안에서 느껴졌던 남의 감정이 녹아 없어지는 것이다.

사람들 사이에 있으면서 감정에 압도될 때 마음속으로 이렇게 물어보자. "지금 이 감정은 내 것인가, 남의 것인가?" 의식적으로 내 감정 상태를 체크하면 타인의 부정적인 감정을 느꼈을 때 거기에 함몰되지 않고 관찰자적 입장에서 상대의 마음을 읽을 수 있게 된다. 지금 느끼는 그 감정이 내 것이 아니라면 지

지친 몸과 마음을 회복하는 자가 치유법

금 내 마음은 어떤가. 편안한가, 즐거운가, 무덤덤한가, 남의 감정을 흡수하는 초민감인으로 사는 게 힘들고 억울한가. 이렇게 연습을 거듭하다 보면 내 마음이 어떤 상태인지 자각할 수 있게 된다. 꾸준한 연습과 의지가 필요한 일이지만 할 수 있다.

만약 백화점이나 마트, 콘서트장처럼 수많은 사람들 속에 있어야만 한다면 내 에너지를 보호하는 시각화 연습을 하는 것도 도움이 된다. 나는 처음 시각화 연습을 할 때 영화 〈버블 보이〉를 생각했다. 〈버블 보이〉 속 주인공은 선천적으로 면역 기능이 결핍된 채 태어난다. 그래서 세균이 침투하지 못하게 커다란 버블로 몸을 감싼 채 살아간다. 생존하기 위해 버블이 필요한 것이다. 타인의 에너지를 흡수하는 초민감인도 큰 물방울 속에 있다고 생각하면 그 물방울이 나를 보호하는 방어막이 되어줄 것이다.

투명한 물방울이 나를 감싼다. 나는 여전히 타인을 볼 수 있지만 그들의 부정적인 에너지는 물방울에 튕겨 나가 내게 흡수되지 못한다. 한 공간에 있기 힘든 사람과 시간을 보내야 할 때면 상대방의 에너지에 휘둘리지 않기 위해 나를 보호하는 커다란 물방울을 상상해보자. 내가 상대해야 할 사람의 에너지가 셀수록 내 안전을 위해 물방울의 색을 달리해야 할 때도 있다. 어떤 색이라도 상관없다. 자신이 떠올리고 시각화하기 쉬운 색을 선택하자. 나는 진한 핑크색 물방울을 상상할 때가 많다. 나를 힘들게 하는 그 사람과 나 사이에 핑크색 물방울이 가림막으로 놓여 있다고 시각화한다.

불평불만을
늘어놓는 사람에
대처하는 법

불평불만과 남의 험담을 늘어놓고 화를 잘 내는 사람과 함께 있으면 상당히 피곤하고 당장 그 자리를 뜨고 싶어진다. 이럴 땐 나를 감싸고 보호하는 물방울을 생각하면서 되도록 그 사람을 정면으로 마주 보지 않으려고 한다. 정면으로 앉게 되면 상대방의 에너지가 정말로 '훅~' 하고 내 가슴 속으로 들어오기 때문이다. 가능하면 멀리 떨어져서 앉고 얼굴을 마주 봐야 할 때도 눈이 아닌 코언저리를 보는 것이 좋다.

테이블 위에 물병이나 화분, 꽃병이 있다면 그것들을 적극적으로 활용하는 것도 좋은 방법이다. 그 사람의 에너지와 나를 분리하는 도구로써 말이다. "아~ 꽃이 참 예쁘네" 하면서 꽃병을 가운데 놓으면 나를 둘러싸고 있는 물방울과 더불어 꽃병이 구원투수가 되어줄 것이다. 나를 힘들게 하는 사람과 나 사이의 거리가 멀수록, 사이에 놓인 물건이 많을수록 상대방의 에너지가 나를 뚫고 들어오기 힘들기 때문이다.

회의 중에 유독 비아냥거리는 동료가 있다면 앞에 놓여 있는 A4용지를 들어서 내 심장을 가리는 것도 좋은 방법이다. 회의 자료를 보는 것처럼 보일 테지만 실은 그 동료가 뿜어내는 부정적인 감정으로부터 내 심장을 보호할 수 있는 또 다른 방법이다.

하나씩 실천하다 보면 더는 무방비 상태로 남의 부정적 에너지에 휘둘리지 않게 될 것이다. 그날이 빨리 오기를 기원하며 우리 모두 의미 있는 첫걸음을 떼보자!

트라우마에서
벗어나
지금 여기에
집중하는
방법

중학교 1학년 때 일이다. 그날은 1학년 1학기 기말고사 날이었다. 중학교에 들어가자마자 친 중간고사에서 전교 1등을 해버린 나는 원치 않게도 모든 교사와 학부모의 관심 대상이 되었다. 나는 모범적이며 앞에 나서지 않는 조용한 아이였다. 그런데 그런 나를 슬쩍슬쩍 건드리며 쾌락을 느끼는 듯한 변태 교사가 있었다. 하필이면 그날 그가 시험 감독으로 들어왔다. 나는 불쾌감과 두려움에 고개를 숙인 채 시험지만 응시했다. 모두가 시험에 집중하느라 정적이 흐르던 교실 안. 앞에

지친 몸과 마음을 회복하는 자가 치유법

서 시험 감독을 하던 그가 내 쪽으로 다가왔다. 그러더니 이내 실실거리면서 내 머리카락과 어깨를 만지기 시작했다. 나는 두려움에 몸이 굳어버렸고 시험을 망칠 수 없었기에 고개도 들지 못한 채 문제를 푸는 데 집중했다. 어깨에 있던 변태 선생 손이 이내 등으로 내려가 내 브래지어 끈을 만지기 시작했다. 마치 재미난 놀이를 하듯 잡아당겼다 놓았다 하면서 나를 능욕했다. 온몸에 흐르는 불쾌감에 소름이 끼쳤고 나는 얼굴이 벌게졌다. 메스껍고 두피가 곤두서다 못해 귀까지 빨개졌다. 그러다 갑자기 변태가 내 몸에서 손을 떼더니 뒤쪽으로 걸어갔다. 이제 또다른 애한테 가려는가 보다 생각한 나는 시계를 힐끔 보고는 재빨리 시험 문제를 풀기 시작했다.

"딩동댕!"

종이 치고 맨 뒷자리에 앉은 친구가 답안지를 걷어 앞으로 가져갔다. 변태 선생은 답안지를 취합해 봉투에 넣고는 교실을 나섰다. 그때 내 뒤에 앉아 있던 아이들이 갑자기 나한테로 몰려왔다.

"야 너 큰일 났어."

"너 가방 좀 봐봐. 어떡해."

나는 의자에 걸어놓았던 가방을 쳐다봤다. 헉. 가방 지퍼가 열려 있고 앞주머니에 넣어놓은 생리대가 풀어헤쳐진 채 교실 바닥에 떨어져 있는 게 아닌가. 그 선생 짓이었다. 이게 뭔가. 내가 도대체 뭘 잘못했길래 나한테 이런 짓을 하는 건가. 교사라는 인간이.

"야, 그 미친 변태 새끼가 뒤에서 네 가방 막 뒤졌어."

"이게 뭐야. 완전 정신병자 아니야."

아이들 모두 흥분해서 떠들어댔지만 오히려 나는 너무 큰 충격을 받은 나머지 아무 말도 나오지 않았다. 마치 실어증에 걸린 사람처럼 그날 일을 아무에게도 말하지 못했다. 담임선생님에게도 부모님에게도.

그런 짓을 하고도 멀쩡히 교사직을 유지할 수 있으리라는 것을 나는 온몸으로 감지하고 있었다. 그때는 그런 세상이었다. 그 사건을 누구에게 말하든 그 일이 없었던 일이 되지 않으며, 내가 받은 심리적 충격은 고스란히 나의 것이고, 그 변태는 정년퇴직할 때까지 선생 노릇을 할 것이라는 현실에 나는 심한 무기력함을 느껴야 했다. 20년도 더 된 일이지만 최근에 있었던 생리대 논란으로 그 사건이 다시 내 머릿속에서 되살아났다.

최근 생리대 유해성에 따른 집단 소송 움직임이 일고 있다. 그럼 어린 시절 속수무책으로 당한 성추행은 어떻게 보상받을 수 있을까? 너무도 선명하고 생생하게 기억나는 그 날의 일을 지워버리려고 애쓰고 더 이상 생리대 관련 기사는 읽지 않아야겠다 생각했다. 생리대라는 단어로 연상되는 내 아픈 기억, 그 기억을 마주하고 그날의 충격과 부정적 감정을 정화해서 흘려보내기 전까진 말이다.

이미 오랜 시간이 지났음에도, 더 이상 그 일과 관련된 사람을 보지 않더라도 그와 관련된 단어 하나만으로도 그 순간의 감정과 기억이 수면 위로 떠오른다. 어떤 기억으로 인해 내 안의 에너지가 출렁댔던 경험이 다들 한 번쯤은 있을 것이다. 누구보다 민감하고 세세한 촉을 가진 사람이라면 아마 그날 그 사건이 일어났던 장소와 배경이 살아 움직이듯 생생히 떠오를 것이다. 그날 내가 입은 옷, 내 심장박동, 그 사람의 눈빛과 입꼬리, 간담이 서늘했던 발소리까지…….

이렇게 마주하기 힘든 기억이 떠오르면 좀처럼 마음의 평화를 찾을 수가 없다. 과거의 트라우마에서 한동안 빠져나오기 힘든 적도 있었다.

하지만 이제는 과거의 기억에 잠식돼 현재에 집중하지 못할 때면 바디 스캔을 한다. 내 몸 구석구석에 의식을 집중하고 모든 관심을 현재의 나에게로 돌리는 것이다. 바디 스캔을 하면서 내 신체 구석구석을 느끼다 보면 어느새 머릿속을 가득 채웠던 잡념은 사라지고 오로지 내 몸에 의식을 집중하게 된다.

바디 스캔은 편안하게 앉은 자세로 한다. 방바닥도 좋고 침대 위도 좋다. 의자에 앉아서 해도 괜찮다. 두 눈을 감은 채 앉아 있는 내 몸을 차례로 느껴본다. 엉덩이의 느낌, 바닥에 닿은 내 발바닥의 느낌. 혹시 앉은 자세가 불편하거나 허리가 아프다면 몸을 움직여서 편안한 자세를 잡아보자. 허리에 쿠션을 대도 좋고 무릎 담요를 덮어도 좋다. 이제 의식을 내 두 발로 가

저가 본다. 눈을 감은 채 발을 내려다본다고 생각하고 발에 집중해보자. 집중이 잘 안 될 때면 발가락을 살짝 꼼지락거려본다. 자신이 느끼고자 하는 부위를 움직이면 그 부위를 알아채는 데 도움이 된다.

왼쪽부터 시작해보자. 왼쪽 발가락을 생각하면서 의식을 거기에 집중한다. 잠시 왼쪽 발가락에 머물렀다가 왼쪽 발등을 느껴본다. 그다음은 복숭아뼈다. 이제 발목으로 의식을 가져간다. 그런 다음 천천히 종아리에 집중한다. 그다음은 무릎, 허벅지로 의식을 이동한다. 오른쪽도 마찬가지다. 오른쪽 발가락부터 발등, 복숭아뼈, 발목, 종아리, 무릎, 허벅지까지 천천히 각 신체 부위에 집중하면 된다. 다음으로 엉덩이에 집중해보자. 엉덩이가 배기는지 깔고 앉은 방석이 어떤지 말이다. 이젠 내 배꼽은 어떤지 느껴본다. 좀 더 위로 올라가 배, 가슴, 어깨, 목, 얼굴, 그리고 정수리까지 서서히 올라가며 각 신체 부위를 느껴본다. 마지막으로 크게 심호흡을 하면서 날숨에 내 모든 분노와 슬픔, 억울한 마음을 담아 시원하게 입으로 내뿜는다. 정수리에서 기다란 빛이 나와 안 좋은 기억을 허공으로 내보낸다는 상상을 해도 좋다. 고래가 물줄기를 뿜어내듯 내 머리꼭지에서 기억하고 싶지 않은 순간들을 밖으로 내보낸다고 상상해보자. 바디 스캔을 마치면 천천히 눈을 뜨고 가볍게 스트레칭한다.

가끔 나를 괴롭히는 과거의 기억 때문에 잠을 못 이룰 때

지친 몸과 마음을 회복하는 자가 치유법

가 있다. 그럴 땐 침대에 누워서 바디 스캔을 한다. 불면에 시달리며 뜬눈으로 지새우지 말고 편안하게 누워서 바디 스캔을 해보자. 그렇게 누워 있다 보면 잡념에서 벗어나 어느새 잠이 들게 될 것이다.

돈이 들지도 않을 뿐 아니라 혼자서도 쉽게 할 수 있다. 행동으로 옮기기만 하면 된다. 필요한 건 오직 실천하고자 하는 의지뿐이다.

땅의
에너지로
기운을
되찾다

"저기 인형이 서 있다. 야, 가서 한번 만져보자~."

"어? 허수아비 같은데? 가서 같이 놀자고 하자."

유치원생 꼬마들이 내게로 우르르 몰려온다. 아이들이 몰려온다고 내가 하던 걸 멈출 순 없지. 나는 미동도 하지 않고 그저 나무 기둥에 기대 서 있을 뿐이다.

"주스다! 안 먹나 봐. 내가 먹어야지~."

한 여자아이가 내 손에서 주스 병을 낚아채려 한다. 웃음이 터진 나는 그제야 입을 뗀다.

"얍! 나 인형 아니야. 그러니깐 꾹꾹 찌르지 마."

아이들은 인형이 말을 한다며 웃고 난리다. 그중 한 아이가 또랑또랑한 말투로 묻는다.

"근데 여기서 뭐 하세요? 남친 기다리는 거예요? 우리 선생님은 내일 남친이랑 놀러간대요~."

아이들의 순수한 에너지에 내 마음까지 포근해진다.

"응. 언니는 여기서 땅이랑 나무랑 노는 중이야."

무슨 소린지 이해하지 못한 듯 아이들은 눈을 동그랗게 뜨고 있더니 금세 여기저기로 막 흩어져 돌아다닌다. 한적한 평일 오전 동네 공원에 나오면 주변 유치원에서 야외 활동하러 나온 아이들을 만날 수 있다.

그날도 나는 나무에 기대 대지의 에너지를 느끼는 중이었다. 지금은 너무나도 당연하고 자연스러운 내 일상의 한 부분이 되었지만 처음 그라운딩Grounding이라는 용어를 접했을 땐 뭔가 부자연스럽고 특이하고 아무나 할 수 없는 것 같았다. 말 그대로 땅에 접촉하고 땅의 에너지를 느끼고 받는 자연요법인데 거창하게 접근할 필요 없이 우리 생활 속에서도 이미 많이 하고 있는 활동이다. 일상에 치여 피곤하고 스트레스가 쌓였을 때 여가 활동으로 등산이나 캠핑을 하는 사람들이 많다. 울창한 숲속에서 느끼는 상쾌함, 산을 오르며 두 발로 땅을 밟고 올라갈 때 느끼는 개운함, 바로 그게 대지의 에너지다.

온몸이 바스러질 듯 아프고 다리에 힘이 풀린 것처럼 후들

거려 샤워하는 것조차 힘들어하던 내가 다리 힘을 기를 수 있었던 건 모두 그라운딩 덕분이다. 두 발로 땅을 밟고 있는 것만으로도 이렇게 큰 변화가 있을 거라곤 기대하지 않았다. 물을 좋아하는 나는 해변에서 맨발로 모래사장을 거닐다 바닷물에 발을 담그고 싶지만 도시에서는 그런 환경을 쉽게 접할 수 없다. 다리 힘이 약하고 산을 오르내릴 만한 기운도 없었기에 매일 꾸준히 할 수 있는 손쉬운 방법을 찾아야 했다. 그래서 생각한 게 동네 공원에 가는 거였다. 공원에 가서 나무가 많이 심어져 있는 흙길을 걸어 다녔다. 비나 눈이 와서 땅 상태가 좋지 않을 땐 나무 기둥에 등을 붙이고 서서 나무를 통해 땅의 에너지를 받았다.

그라운딩을 처음 시도할 땐 이게 무슨 효과가 있을까 싶은 의심도 들었다. 무엇보다 나무 기둥에 등을 붙이고 서 있는 내 모습이 우스꽝스러워 실행에 옮기기가 꺼려졌다. 아침에 약수터 가면 흔히 볼 수 있는 아주머니가 연상되었기 때문이다. 나무기둥에 등을 퉁퉁 치며 '시원하다'를 연발하는 아줌마, 뒤로 걸으면서 손뼉 치는 할머니 모습과 내 모습이 겹쳐 보이며 이제 내 아가씨 시절은 다 갔구나 싶어 얼마나 서러웠는지 모른다.

그렇게 시간을 흘려보내길 몇 달. 날씨가 추워지면서 체력은 더 떨어지고 이불 밖으로 나오는 것 자체가 힘들어졌다. 이러다 영영 자리에서 못 일어나는 게 아닐까 하는 생각이 들 정도로 내 몸은 쇠약해져 있었다. 하루에 10시간 넘게 잠을 자도 꼭 며칠 밤을 새운 사람처럼 늘 피곤했고, 사회생활은 물론 모든 인간관계를 끊고 평생 잠만 잤으면 싶을 정도로 극심한 피로감과 신체 통증으로 나는 점점 시들어갔다.

뭐라도 해야 했다. 무엇보다도 나는 내 삶을 잘 살아내고 싶었다. 이렇게 몸이 죽을 것처럼 아픈 이유를 알고 싶었다. 더 이상 아프지 않으려면 뭘 어떻게 해야 하는지 모조리 다 알아내고 싶었다.

자연이 가진
치유의 힘을
실감하다

리즈 심슨Liz Simpson은 저서 《땅의 치유력》에서 다음과 같이 말한다.

대지는 우리로부터 독립된 실체지만 우리의 육체는 대지를 구성하고 있는 화학적 혼합물로 구성되어 있으며 그것에 의존하고 있다. 그러므로 우리는 대지의 일부며 대지는 또한 우리 존재의 한 부분이다. 인간과 대지의 이러한 연관은 우리의 조상들이 대지를 어머니이자 위대한 여신, 가이아로 이해한 데서 잘 설명되고 있다. 우리는 클릭 한 번으로 모든 것을 해결할 수 있는 문명의 이기 속에 살고 있다. 이런 생활환경 속에서 우리는 질병과 육체의 가벼운 불편함을 한 병의 알약이

나 주사, 또는 레이저 광선으로 즉시 치료하길 바란다. 현대 의학 기술에 대한 이런 맹신으로 인해 우리는 자연이 지닌 풍부한 치유의 힘을 망각하기 쉽다. 자연은 인습적인 의학에 종종 수반되는 부작용 없이 우리의 몸과 마음, 영혼을 치유하는 힘을 지니고 있다.

'자연이 가진 치유의 힘' 나는 이 말에 집중했다. 대체의학에서는 자연과의 교감, 야외활동, 햇빛을 중시한다. 그런데 그간 내 삶을 돌이켜보니 나는 이와는 정반대되는 생활을 하고 있었다. 학교 다닐 땐 책상 앞에만 앉아 있었고 사회생활을 시작한 후론 종일 사무실에 갇혀 있었으니 당연히 햇빛 볼 일이 없었다.

기운이 없어 씻지 못한 날엔 마스크와 모자를 쓰고, 남의 시선이 신경 쓰일 땐 선글라스를 쓰고 공원에 갔다. 저 멀리서 사람 인기척만 나도 온갖 신경이 그쪽으로 쏠렸고 누가 나를 이상하게 쳐다볼까 싶어 마음이 요동쳤지만 그래도 나는 나무에 꼭 붙어 있었다. 그렇게 하루 5분씩, 10분씩 나무에 기대 서 있는 시간을 늘려갔다. 처음에는 종아리가 뻐근하고 다리에 무게 중심이 실리는 듯 하체가 튼튼해지는 느낌이 들었다. 몇 주 지나니 발바닥이 꿀렁대며 찌릿찌릿한 느낌이 들었고 그게 바로 땅의 에너지라는 걸 알게 되었다. 그라운딩을 꾸준히 하면 할수록 에너지는 점점 몸 위쪽으로 올라왔다. 뭉글거리며 간질

지친 몸과 마음을 회복하는 자가 치유법

거리는 자연의 생명력이 척추를 타고 심장을 지나 양손으로까지 전달되었다. 이거구나. 이게 바로 에너지라는 거구나. 신기함과 호기심에 매일 꾸준히 그라운딩을 했고 몇 달이 지나자 무릎과 허리 통증이 거의 사라졌다.

민감한 사람들은 자연 속에서 힐링 에너지를 쉽게 느껴 큰 도움을 받을 수 있다. 전에는 알지 못했던 자연의 소중함과 자연 속에서 느끼는 평화로움, 그 건강한 에너지를 직접 경험해보고 싶지 않은가. 관심을 갖고 둘러보면 그라운딩할 수 있는 곳은 곳곳에 널려 있다. 꼭 공원까지 나가지 않더라도 집이나 회사에 있는 나무 한 그루, 버스 정류장 옆이나 도롯가에 심어진 가로수를 찾아도 된다. 나무에 기대고 서 있기 민망하다면 버스를 기다리는 척하며 손바닥을 나무에 대고 있으면 된다. 회사에서 일하다가 잠시 밖으로 나가서 담배를 피우거나 통화를 할 때도 이왕이면 나무 아래로 가자. 나무와 가까워질수록 내 몸은 살아난다. 당장 오늘부터 시작해보자. 땅의 에너지가 내 안에 가득 차오르는 그날까지!

퇴근 후
저녁 시간은
나를
보살피는
시간

저녁 7시가 조금 넘은 시간. 오늘 업무는 이쯤에서 마무리하고 퇴근 준비를 한다.

"어이~ 오늘 저녁은 뭐 먹을까? 우리 회식비 얼마나 남았지?"

굳이 야근할 이유가 없는데도 종종 남아서 저녁 먹고 당구치다 다시 사무실로 들어오는 무리가 제일 먼저 사무실을 빠져나간다. 고개를 돌려 대각선 자리를 보니 조금 전까지 보였던 머리꼭지가 보이지 않는다. 팀장과 눈이 마주치기 전에 인사도

지친 몸과 마음을 회복하는 자가 치유법

없이 벌써 가버렸나 보다.

"동작 한번 빠르다니깐. 숨소리도 안 내고 튀었네."

퇴근 때만 되면 벌어지는 익숙한 사무실 풍경에 웃음이 날 때가 있다. 퇴근 후 한잔하거나, 학원에 가거나 약속 때문에 다들 바쁘다. 회사에서 쌓인 스트레스를 풀기 위해 사람들은 각자 뭔가를 하면서 재충전하는 것이다.

나 역시 머릿속을 가득 채운 수많은 생각과 감정의 소용돌이로 인해 이미 에너지가 소진된 상태다. 더는 모니터를 들여다볼 에너지가 없다. 모래알이 들어간 듯 따가운 두 눈은 실핏줄이 터진 것처럼 빨갛게 충혈되어 있다.

물에 젖은 낙엽처럼 축 늘어진 몸을 이끌고 집에 도착하면 편안한 옷으로 갈아입고 가족들과 둘러앉아 저녁을 먹는다. 보글거리는 찌개와 갓 지어 윤기가 자르르 흐르는 밥이 감동할 만큼 맛있다. 역시 집밥이 최고다. 머리 아픈 미팅 후에 비싼 레스토랑에서 뒤풀이를 빙자한 한풀이로 사 먹은 점심은 내게 아무런 감흥을 주지 못한다. 아무리 비싼 음식이라 할지라도. 꾸역꾸역 감정을 삭이듯 그저 음식을 입안으로 밀어 넣는 것일 뿐, 일찍 퇴근해서 집에서 밥부터 먹어야겠다는 생각이 들 뿐이다. 집밥으로 미각을 즐겁게 자극하고 나니 또 다른 재미를 찾게 된다.

풍요롭고 느긋한
나 혼자만의 시간

"오늘도 족욕해야지."

욕조가 없어 아쉬운 마음에 족욕기를 샀는데 구두 때문에 발이 아프거나 겨울에 발이 시릴 때 요긴하게 쓰고 있다. 따뜻한 물에 발을 담그고 있으면 세상 부러울 게 없다.

"하아…… 너무 좋다…… 아…… 노곤하다……."

캐모마일 티가 담긴 머그잔을 두 손으로 꼭 감싼다. 김이 모락모락 나는 머그잔 속에서 샛노란 티가 우러나온다. 천천히 한 모금 마셔본다. '캐모마일 레몬'이라는 이름에 걸맞게 첫맛은 고소하고 혀끝에 레몬의 상큼함이 남는다. 목울대를 넘어 몸속으로 들어간 허브 티가 배꼽에 닿자 뱃속 가득 포근한 느낌이 퍼져나간다. 이렇게 눈을 감고 내 몸의 감각에 집중하고 있으면 온몸의 피로가 사르르 녹아 없어지는 것만 같다. 낮에 회사에서 무슨 일이 있었건, 종일 자극에 시달려 녹초가 되었건 간에 이렇게 따뜻하고 나른한 시간을 즐길 수만 있다면 그날 하루도 잘 지나갔구나 싶다.

뻑뻑한 두 눈이 제발 좀 쉬게 해달라고 아우성을 친다. 나는 두 눈을 살며시 감고 지금 이 순간의 포근함을 마음껏 즐긴다. 눈을 감고 있자니 틀어놓은 음악이 마치 살아 움직이는 듯 잔잔한 바람이 되어 내 귓불을 간질인다. 지금 이곳엔 수시로 울려대는 전화벨 소리도, 독수리 타법으로 시끄럽게 타이핑하

지친 몸과 마음을 회복하는 자가 치유법

는 동료도, 부르릉대며 끊임없이 진동하는 누군가의 핸드폰 소리도 없다. 갑자기 '끅' 트림하는 과장님도, 종이컵을 옆에 두고 종일 가래침을 뱉는 부장님도 없다. 오직 내가 좋아하는 기분 좋은 재즈 음악만이 흐를 뿐. 아…… 정말이지 종일 온갖 소음과 불쾌한 감각에 시달리고 나면 기분 좋은 것들로 내 감각을 호강시켜주어야 가뿐하게 하루를 정리할 수 있다.

언젠가부터 나는 퇴근 후 텔레비전 앞에 앉는 대신 음악을 듣기 시작했다. 피곤한 눈으로 또 영상을 봐야 하는 게 힘들었다. 중요한 일이 없는데도 스마트폰을 만지작거리거나 괜히 노트북을 켜고 앉아 있는 일도 이제는 하지 않는다. 저녁 시간은 내게 오로지 휴식과 재충전을 위한 시간이다. 매일 드라마를 챙겨보지 않아도, 뉴스를 하루 놓쳐도 아무 일도 일어나지 않는다는 걸 깨달은 건 큰 소득이었다. 실시간으로 세상 돌아가는 걸 알아야만 한다고 생각했던 시절엔 정보의 홍수 속에서 감각이 심하게 자극받아 탈진하기 일쑤였다. 특히 뉴스에서 보도되는 온갖 사건 사고 영상들은 내게 불안과 공포를 불러일으키기에 충분했다. 그런 상태로 잠자리에 들면 잔상이 오래도록 남아 잠을 자는 내내 영향을 받곤 했다.

해야 할 일이 계속 생각나
괴로울 때

물론 해야 할 일이 자꾸 떠올라 나도 모르게 머릿속으로 계속 그 상황을 시뮬레이션할 때도 있다. 그럴 때는 일단 내일 처리해야 할 일들의 리스트를 차례대로 적어놓는다. 그런 뒤에 생각해보는 거다. 이 중에서 지금 당장 안 하면 큰일 나는 일이 있는가 하고 말이다. 나는 퇴근 후에도 업무 생각에 쉬기는커녕 나가 노는 것조차 하지 못했었다. 그래서 의식적으로 매일 스스로 이렇게 묻곤 한다. 내가 지금 사무실에 있는지 집에 있는지. 몸은 집으로 돌아왔지만 마음은 여전히 회사에 있을 때가 많았던 탓에 나는 더 기진맥진했던 것이다.

나는 보통 10시에 잠자리에 든다. 더 늦은 시간까지 깨어 있다 해도 피로감 때문에 생산적인 일은 할 수가 없다. "나 어제 5시간밖에 못 잤어." "나 이거 하느라 밤새웠어." "내가 오늘 밤을 새워서라도 이건 꼭 하고 만다." 이런 말이 익숙한 시절도 있었다. 하지만 잠이 부족한 채로 살면서 뭐라도 한 가지 더 하는 게 그리 자랑스러워할 일이 아님을 내 몸과 마음이 알게 해주었다.

잠 잘 시간이 되면 나를 위해 항상 하는 게 있다. 숙면에 도움이 되는 천연 라벤더 오일을 베개에 한두 방울 떨어뜨리는 것이다. 베개가 얼룩지는 게 신경 쓰인다면 손수건에 떨어뜨려서 머리맡에 놓아두어도 좋다. 그리고 자연의 소리를 들려주는 백색소음White Noise기를 튼다. 밤이면 아랫집에서 화장실 쓰는 소리, 창밖으로 지나가는 자동차 소리, 주차하는 소리, 차 문 닫는 소리, 어떨 땐 주차하다 시비가 붙어서 사람들이 싸우는 소리까지 들린다. 그런데 백색소음기를 틀어놓으면 듣기 좋은 자연의 소리가 불쾌한 잡음을 밀어낸다. 불쾌한 소리는 서서히 저 먼 곳으로 사라지고 내 귀엔 빗방울 소리, 파도 소리, 가을바람에 흔들리는 갈대 소리만이 들릴 뿐이다. 이거야말로 천국이 따로 없다.

"음~ 후~ 좋다……. 오~ 향긋하다……. 아…… 졸려……."

향긋한 라벤더 향이 코에 들어오는가 싶더니 어느새 잠 속으로 폭 빠져든다. 파도 소리를 들으며 잠드는 날은 왠지 하와이에 가 있는 꿈을 꿀 것만 같다. 백색소음기는 인터넷에서 살 수 있고 음원이나 앱을 통해 들을 수도 있다. 라벤더 오일은 화학성분이 함유되지 않은 유기농 천연 오일을 사용해야 향이 깊고 심신에 작용하는 효과도 잘 느낄 수 있다.

온갖 소리와 냄새에 찌든 민감인이여, 퇴근 후에는 내 감각을 즐겁게 해주는 일을 해보자. 작은 자극에도 반응하는 우리는 작은 즐거움으로도 큰 감동과 행복을 느낄 수 있음을 잊지 말자.

꽃의
치유력에
반하다,
플라워에센스

"음~ 너무 좋다~. 아~ 예뻐라~."

예쁜 꽃이 만발한 곳을 지날 때면 코끝으로 전해지는 꽃향
기가 나를 설레게 한다. 형형색색의 꽃들이 어찌나 예쁜지 바
라만 봐도 즐겁다. 각기 다른 모습과 향으로 사람들을 유혹하
면서도 본인의 아름다움에 자신 있다는 듯 옆의 꽃과 경쟁하거
나 시샘하지 않으며 조화롭게 피어 있는 그 자연스러움이 부럽
기까지 하다.

꽃은 눈으로 보고 향을 맡고 시든 꽃이 아쉬우면 말려서

장식으로 쓰는 게 다인 줄 알고 살았다. 그러던 내가 자연치유법을 공부하면서 꽃이 가진 생명력과 치유력에 대해 알게 되었고, 내 안의 해결되지 않은 감정적 문제를 치유하는 데 크게 도움을 받았다. 처음 플라워에센스Flower Essence를 접했을 땐 설마 하며 미심쩍은 마음이었지만 지금은 언제고 필요할 때 쓸 수 있도록 내 서랍장 한쪽에 고이 모셔두고 있다.

오랜만에
미소를 되찾다

플라워에센스란 오염되지 않은 환경에서 야생으로 자란 식물이 가진 치유력을 담은 추출물을 사용해 몸과 마음을 치유하는 치유법이다. 고대부터 전해 내려오는 자연치유법으로 몸과 마음, 그리고 영혼에 이르기까지 전인적인 치유를 돕는다. 고대의 치유사들은 신체의 질병이 우리의 감정과 마음, 영혼의 부조화로 인해 생긴다고 믿었다. 그래서 부정적인 감정을 정화해 내면의 평온을 찾으면 신체의 질병도 낫는다고 생각했다. 그 옛날 이른 아침 꽃에 맺혀 있는 이슬을 모아 심신을 치유하는 데 썼다고 하니 플라워에센스는 이슬 치유의 현대화된 모습이라 생각하면 되겠다. 전통적으로 이슬은 꽃의 생체 에너지를 흡수하고 햇빛과 달빛, 주변 자연환경의 영향을 받아 우주의 에너지를 담고 있다고 여겼는데 플라워에센스를 만드는 과정도 이와 유사하다. 맑은 물에 꽃을 담가놓고 수 시간 동안 햇빛과 달빛에 노출시켜 꽃의 생체 에너지가 물에 녹아나도록 한다.

부정적인 감정이 신체에 미치는 영향을 중시해서일까. 플라워에센스는 감정 상태별로 세분화되어 있다. 공포, 부끄러움, 죄책감, 충격, 슬픔, 분노, 우유부단함, 공격적인 성향 등 자신의 마음 상태에 따라 적절한 에센스를 골라 물이나 음료수에 타 먹으면 된다. 작은 변화에도 영향을 잘 받는 민감한 사람이라면 플라워에센스에 담긴 에너지와 그 치유 효과를 쉽게 체감할 수 있을 것이다.

긴가민가하며 처음 플라워에센스를 마신 날이 지금도 생생하게 기억난다. 떨리고 설레는 마음으로 플라워에센스 뚜껑을 열었다. 톡톡. 스포이트로 생수에 플라워에센스 몇 방울을 떨어뜨려 마신 후 가만히 내 몸과 마음에 집중해보았다. 어떤 변화가 느껴질지 너무나 궁금했다.

"오…… 심장 박동이 약간 빨라지네. 기분도 점점 좋아지는 거 같고. 와~ 이런 게 있었다니!"

플라워에센스를 접한 첫날, 아주 오랜만에 가벼운 마음과 엷은 미소를 되찾았다. 너무나도 즐겁고 감사하고 신기한 경험이었다. 그날 온종일 신비로운 변화에 얼떨떨해하며 혼자 웃고 또 웃었던 기억이 난다.

지금은 매일 아침 눈을 뜨면 제일 먼저 물에 플라워에센스를 섞어 마시는 것이 습관이 되었다. 외출할 땐 물병에 담아 가지고 다니면서 수시로 마신다. 이렇게 하면 자연스레 물도 많이 마시게 돼 일거양득의 효과가 있다. 하루에 물 한 잔 제대로 챙겨 마시지 않던 내가 플라워에센스를 먹게 되면서 생수 두어 병은 거뜬히 마시게 됐으니 말이다.

그때그때 상태에 따라
골라 먹어요

미국, 호주, 영국 등 서양의 자연요법과 동종요법 전문가들 사이에서 플라워에센스의 치유 효과는 이미 널리 알려져 있다. 세대를 이어 전해진 치유 효과를 나 역시 체험했다. 마음이 깊은 절망으로 치달아 더 이상 버틸 힘이 없을 때 힘겹게 문을 두드린 상담실에서 오히려 더 큰 마음의 생채기가 생겼다면, 코드가 맞는 상담사를 찾았지만 내 마음과 감정 상태를 말로 다 표현하기가 힘들었다면, 여러 번 상담을 받아봤지만 아직도 내 마음에 돌덩이가 가득할 때도, 내면세계가 깊고 복잡해 수면으로 올라오기가 쉽지 않을 때도, 주저 없이 플라워에센스를 먹어보라고 권하고 싶다. 다양한 감정 상태는 물론이고 자신감과 자아존중감 형성에 도움을 주는 에센스, 표현력과 창의성을 높여주는 에센스, 명상 상태로 들어가는 데 도움을 주는 에센스, 자신의 몸을 있는 그대로 아름답게 볼 수 있도록 마음을 열어주는 에센스 등 갈수록 복잡해져 가는 현대인의 삶과 어려움을 고려해 새로운 플라워에센스가 계속해서 연구 개발되고 있으니 참 다행스러운 일이다.

꽃이 전해준 치유 에너지는 내게 감동적인 영화나 경이로운 대자연의 신비로움, 전율을 느끼게 하는 음악과도 같다. 어둠을 밝혀주는 한 줄기 빛처럼, 겨우내 굳은 대지를 녹이는 따사로운 봄 햇살처럼 꽃이 가진 높은 수준의 에너지는 내 안의 부정적인 감정과 부조화를 말끔히 씻어준다. 면접이나 발표를 앞두고 불안해질 때, 치과 치료를 받기 겁날 때 나는 불안과 공포를 진정시켜주는 플라워에센스를 미리 먹는다.

지금은 기억이 가물가물한 어린 시절, 우산을 갖고 놀다가 손등이 찢어져서 열 바늘 정도 꿰맨 적이 있다. 무섭다고 울면서 발버둥 치는 나를 붙잡고 있느라고 엄마와 간호사들이 진땀을 뺐다고 한다. 집에 와보니 엄마가 손에 끼고 있던 반지의 보석이 없어졌을 정도였다고 하니 어린아이가 얼마나 겁을 먹었으면 그랬을까 싶다. 이제 다 큰 어른이 되었지만 나는 여전히 병원 가는 게 겁난다. 그 옛날 소아과에서 엉덩이 주사를 맞을 때 놓여 있던 못난이 인형들은 내겐 별로 위안이 되지 못했다. 아무리 인형이 많아도 무섭긴 마찬가지였고 주사를 맞고 나서도 쉽게 울음을 그치지 못했으니 말이다. 어쩌다 병원이 떠나가도록 울고 있는 아이들을 볼 때면 요구르트나 아이스크림에 플라워에센스 몇 방울만 섞어주면 진정될 텐데 싶은 생각이 절로 든다.

플라워에센스는 동물용, 어린이용이 따로 나오기도 한다. 액체 형태 외에 사탕, 껌, 몸에 바르는 크림, 미스트 타입도 있다.

플라워에센스 복용과 관련해 미리 알려주고 싶은 점이 있다. 처음 플라워에센스를 섭취하기 시작하면 잠깐 기존의 상태가 더 심해지는 듯한 시기가 올 수 있다. 이는 감정적으로 혹은 신체적으로도 나타날 수 있는데, 내 경우에는 평소에 앓고 있던 허리와 무릎 통증이 더 심해졌고, 3일 정도 감기몸살을 앓는 것처럼 몸이 축축 늘어졌다. 감정이 신체 건강에 영향을 미친다는 말은 사실이다. 내가 오랫동안 해결하지 못한 부정적 감정이 신체 통증으로 나타난 것이었고, 플라워에센스를 복용하기 시작하면서 명현현상처럼 통증이 한동안 더 심해졌다. 이런 현상은 부작용이 아니라 그만큼 플라워에센스의 힐링 에너지가 내 몸과 마음에 빠르게 작용하고 있음을 보여주는 것이다.

대부분의 사람은 플라워에센스를 복용해도 아픈 시기를 별로 겪지 않는다고 한다. 민감한 사람 중에도 특히 더 민감한 소수의 사람만이 겪게 된다는 복용 초기의 진통을 겪은 걸 보면 나는 정말로 초민감인임에 틀림없다. 에너지에 초민감한 나이기에 꽃의 힐링 에너지에도 잘 반응하고 큰 효과를 보는 것인지도 모른다. 나는 요즘도 매일 내 감정을 체크하고 그날의 마음 상태에 따라 플라워에센스를 골라 먹는다. 앙증맞은 병에 담긴 플라워에센스가 내 마음을 어루만지고 다독여준 덕에 힘든 일을 겪어도 예전만큼 타격받지 않고 그 시기를 뚫고 나갈 수 있게 되었다.

화학성분에
민감한
사람이라면,
천연
에센셜 오일

아침이다. 내 발걸음은 자연스레 욕실로 향한다. 따뜻한 물로 가볍게 샤워를 하고 나와 화장대 앞에 선다. 어제 좀 늦게 자서 그런가 아직 잠이 완전히 깨지 않았다.

"이럴 땐 유칼립투스지."

나는 화장대 위에 고이 모셔놓은 천연 에센셜 오일을 흐뭇하게 바라본다. 그중 유칼립투스 병을 골라 뚜껑을 열고 향을 맡아본다. 시원하면서도 짜릿한 향에 두 눈이 번쩍 뜨인다. 이번엔 손바닥에 한 방울 떨어뜨린 뒤 두 손으로 비벼 손을 따뜻

지친 몸과 마음을 회복하는 자가 치유법

하게 해본다. 그러고는 손바닥을 코에 가져다 대고 천천히 숨을 들이마신다.

"아~ 꼭 숲에 와 있는 것 같아."

두 눈을 감고 유칼립투스 향을 맡고 있다 보면 어느새 눈앞에 싱그러운 초록색 나뭇잎이 아른거린다. 오늘은 프레젠테이션이 있는 날이다. 이런 날은 적당한 긴장감과 함께 똑 부러지는 발표를 위해 만반의 준비를 해야 한다.

하필 이럴 때 감기 기운이 있어 목이 칼칼하다니. 코도 약간 막힌 것 같다. 주방으로 가서 따뜻한 물을 끓인다. 보온병에 물을 담고 아끼는 레몬 에센셜 오일을 두어 방울 떨어뜨린다.

감기 기운이 있을 때면 레몬차를 즐겨 마시는데 시중에 판매되는 제품은 너무 달아 자주 마실 수가 없다. 레몬을 사서 직접 담그거나 레몬즙을 짜서 써보기도 했지만 너무 번거롭다. 그래서 찾아낸 게 바로 레몬 에센셜 오일이다. 식용으로 섭취할 수 있게 만들어진 오일이라 생선구이에도 쓰고 샐러드드레싱에도 넣는다. 스무디 만들 때 넣으면 진짜 과즙을 넣은 것처럼 입안에서 레몬이 탁탁 터진다.

"오늘은 꿀도 한 숟가락 넣어야지…… 감기 빨리 떨어지라고~"

나를 위한 홈메이드 레몬차가 완성된다. 그러고는 서둘러 출근 준비를 한다. 화장을 하고 깔끔한 정장을 입고 트렌치코트에 스카프도 빼먹지 않는다.

"앗, 스카프에도 한 방울."

오늘 두를 스카프에 유칼립투스 오일을 한 방울 떨어뜨린다. 이렇게 하면 지하철을 타고 가는 동안 자연스럽게 청량감 있는 향을 맡을 수 있어 막힌 코가 뻥 하고 뚫릴 것이다. 눈도 말똥말똥해질 테니 아침을 경쾌하게 시작할 수 있다. 회사에서 일하는 동안에는 미리 만들어 간 레몬차를 수시로 마신다.

약에 민감한 사람에게
특히 권함

레몬 오일과 유칼립투스 오일을 가까이하면서부터는 감기가 와도 약을 먹지 않게 되었다. 나는 남들보다 민감하다 보니 똑같은 약을 먹어도 더 졸리고 기운이 없어 일상생활을 하기가 힘들다. 감기가 오는 듯해서 약을 먹었는데 오히려 더 아픈 느낌이랄까. 졸리지 않게 약을 처방해달라고 해도 소용없다. 밀려오는 졸음과 축 늘어진 몸 때문에 출근하기조차 힘들다. 그래서 감기 걸릴 때마다 늘 약을 먹어야 하나 말아야 하나 고민했다. 결론은 겨우내 그렇게 좀비처럼 지내느니 감기 증세를 완화시킬 수 있는 자연요법을 찾아보자는 거였다. 약 부작용이 걱정되거나 나처럼 약에 민감한 사람이라면 천연 에센셜 오일 덕을 톡톡히 볼 수 있을 것이다.

사무실에 앉아 오후에 있을 미팅 준비를 한다. 환기를 잘 안 시키는 사무실인 데다 코막힘 때문에 갑갑한 느낌이 든다.

지친 몸과 마음을 회복하는 자가 치유법

머그잔에 뜨거운 물을 담고 챙겨온 유칼립투스 에센셜 오일을 두 방울 떨어진다. 초록빛 풀냄새가 솔솔 퍼지기 시작한다. 컵을 코 가까이에 대고 시원한 향을 마음껏 즐긴다. 머그잔을 감싸 안은 두 손이 너무나 따뜻하다. 코가 뻥 뚫리는 느낌이 든다. 이건 간단해도 너무나 간단한 천연 방향제이자 가습기다.

유칼립투스 나무는 호주가 원산지며 코알라의 주식으로 알려져 있다. 호주에서는 유칼립투스가 들어간 꿀을 흔히 볼 수 있다고 한다. 따뜻한 물에 유칼립투스 꿀을 타서 마시면 감기나 비염 예방에 효과적이다. 처음 유칼립투스 향을 맡았을 때 나는 목캔디가 떠올랐다. 알싸하고 시원한 게 딱 그 느낌이다 싶었는데 실제로 우리가 먹는 목캔디에도 유칼립투스 성분이 들어간다고 한다. 호주 원주민들은 유칼립투스로 상처를 치료했다고 한다. 실제로 유칼립투스는 항균소독 작용이 뛰어나고 통증 완화에도 도움을 준다. 정말 여기저기 쓰임새가 많은 식물이다.

나는 유칼립투스 오일을 활용해 천연 마사지 오일을 만들어보기로 했다. 식물의 과육과 씨에서 추출한 오일을 베이스로 해서 에센셜 오일을 희석해 사용하면 시중에 판매하는 보디오일과는 비교도 안 될 정도로 성분과 효능이 좋은 나만의 천연 오일이 탄생한다. 베이스 오일은 올리브, 코코넛, 아보카도, 로즈힙 오일 등 종류가 다양하다.

나는 피부에 잘 흡수돼 사용감이 좋은 호호바 오일에 유칼립투스 오일 몇 방울을 섞어 사용한다. 그리고 운동 후에 몸이 뻐근하거나 평소에 통증이 있는 부위에 이 보디오일을 바르곤 한다. 손바닥에 오일을 조금 덜어 결린 어깨를 천천히 문지르면서 마사지한다. 목 뒤도 만져주고 손목에도 발라준다. 아픈 허리에도 조심조심 문질러본다. 종아리 근육을 풀어주고 하루 동안 수고한 내 발바닥도 시원하게 문질러준다. 이렇게 하면 굳이 마사지숍에 갈 필요가 없다. 내가 직접 만든 천연 마사지 오일로 내 몸을 쓰담쓰담 하는 그 느낌. 이건 남이 해주는 마사지와는 차원이 다르다. 어느 누가 내 몸을 이렇게 정성스럽게 보듬어줄 수 있단 말인가. 천연 오일을 바르고 누우면 내 몸의 세포가 정화되는 느낌이 든다. 다음 날 아침 눈을 떴을 때 허리 통증이 한결 나아진 걸 직접 체험했으니 정말이지 에센셜 오일을 사랑하지 않을 수가 없다.

빨래할 땐 마지막 헹구는 물에 에센셜 오일 한 방울을 떨어뜨린다. 분무기에 물을 담고 오일 한 방울을 떨어뜨리면 근사한 천연 클리너가 된다. 이걸로 유리창도 닦고 거울도 닦고 욕실이나 주방 청소도 한다. 독한 화학약품 냄새가 아닌 은은한 자연 향이 나 집안 공기도 덩달아 맑아지는 것 같다.

에센셜 오일은 종류와 향이 다양해 선택하는 재미도 남다르다. 다만 주의해야 할 점은 에센셜 오일은 고농축이므로 반드시 베이스 오일에 희석해서 발라야 한다. 캐리어 오일이라고도 불리는 베이스 오일이 피부에 흡수되면서 에센셜 오일 성분도 피부 속으로 스며들게 해준다. 향을 맡을 때도 너무 과할 경우엔 졸리거나 열이 나는 등 몸에 무리가 올 수 있다는 점을 반드시 명심해야 한다.

에센셜 오일은 먹을 수 있는 것과 그렇지 않은 것이 있다. 향을 맡거나 마사지용으로 쓸 거라면 일반 에센셜 오일을 써도 무방하지만 차를 만들어 마시거나 음식에 넣을 용도라면 식용인지 반드시 확인해야 한다. 또한, 화학성분이 조금도 섞이지 않은 순도 100% 유기농 에센셜 오일을 사용해야 그 진가를 확인할 수 있다. 화학성분에 민감한 사람은 천연 오일이 주는 위안과 깊은 향에 홀딱 반하게 될지도 모른다. 부디 그 즐거움을 마음껏 느껴보기를~!

5 · 장

민감한
아이
기르기

김연아
선수와
배우
공유의
공통점

2018년을 한번 되돌아보자. 어떤 기억이 제일 먼저 떠오르는가? 나는 우리를 열광케 했던 평창올림픽이 떠오른다. 올림픽을 개최하기까지 길고 긴 시간 동안 참으로 많은 이들의 굵은 땀방울과 보이지 않는 노력이 있었음은 두말할 필요가 없을 것이다. 모든 국민이 관심과 애정을 갖고 평창이 올림픽 개최지로 선정되기까지의 과정을 지켜보았으니 말이다.

올림픽 개최지로 평창이 호명되던 순간 모두 자리에서 일어나 서로를 부둥켜안고 기뻐하던 한국 대표단 모습도 떠오른다. 그중에서도 내 눈을 사로잡았던 건 단연 김연아 선수와 나승연 대변인이었다. 기쁨의 눈물을 흘리면서 하이파이브를 하는 두 사람의 모습은 대표단 틈에서도 확연히 빛났다.

IOC 총회에서 평창올림픽 유치를 위한 프레젠테이션을 하던 두 사람의 모습은 우리 국민뿐 아니라 이를 지켜보는 전 세계인들에게도 큰 감동과 울림으로 다가왔을 것이다. 나는 두 사람의 발표 장면을 보면서 이야말로 섬세함과 온건함이 빛을 발하는 순간임을 확인했다. 그래서 더더욱 차분한 내면의 힘이 극대화된 절정의 승리감에 감격하지 않을 수 없었다.

어릴 때 내성적이고 표정도 어두웠다는 김연아 선수가 어떻게 지금처럼 당당하고 자신감 있는 사람이 될 수 있었을까? 어린 시절 쑥스러워서 인터뷰할 때 단답형 대답만 겨우 했다는 그녀와 평창올림픽 유치 프레젠테이션을 하며 전 세계 이목을 한몸에 받은 그녀가 동일인이란 게 믿어지지 않을 정도다. 김연아 선수가 이렇게 성장할 수 있었던 건 조용하고 내향적인 아이가 가진 끈기와 특유의 세심함을 알아보고 그 안에 잠재된 끼와 풍부한 감성을 자유롭게 표현할 수 있게 도와준 코치와 안무가가 있었기 때문이다. 표현력을 중시하는 훈련을 받은 덕분에 자신의 재능에 확신을 갖게 되었다고 하니 민감한 아이가 가진 풍부한 역량과 드러나지 않는 자원을 잘 키워준 어른의 역할이 얼마나 중요한지 새삼 깨닫게 된다.

2014년 소치 올림픽을 앞두고 한 인터뷰에서 긴장되지 않고 오히려 홀가분하다며 마지막 축제인 만큼 즐겁게 할 거라고 말하는 그녀의 성숙하고 당찬 모습은 내면이 잘 영근 진정한 승자의 모습이었다. 노력하고 집중하고 몰입해야 성공적인 도전을 하게 되는 거라고 말하는 김연아 선수야말로 민감한 아이가 가진 집중력과 몰입이 가져다주는 효과가 굳건한 존재감으로 발현된 가장 좋은 예다.

집중력과 몰입은
민감인의 강점

평창올림픽 유치에 커다란 공을 세운 또 한 명의 인물로 나승연 대변인을 빼놓을 수 없다. 그녀 역시 본인을 내성적이고 말하는 것보다 듣는 것을 좋아하는 사람이라고 묘사한 바 있다. 학창 시절에는 발표할 때 많이 떨기도 했고 그래서 준비한 말을 다 하지 못하기도 했다는데, 반복해서 연습하며 자신감을 얻었다고 한다. 평창올림픽 유치를 위해 프레젠테이션하는 그녀의 모습을 지켜본 사람이라면 그 짧은 순간을 위해 얼마나 많은 시간 연습하고 공을 들였을지 짐작할 수 있을 것이다. 나승연 대변인의 프레젠테이션에는 온화함과 차분함, 그리고 그 안에서 느껴지는 강인함을 엿볼 수 있다. 부드러운 미소와 호소력 있는 눈빛은 청중을 끌어들이고 귀 기울이게 하기에 충분하다.

어린 시절 외교관인 아버지 덕분에 자주 이사해야 했고 한국과 외국을 오가면서 새로운 환경에 적응해야 했다고 한다.

친구들 이야기를 잘 들어주면서 그들과 친해지려 애썼는데 그러면서 그 나라의 문화를 배우고 적응할 수 있었다고 한다. 현재 프레젠테이션 트레이닝과 컨설팅 분야에서 활약하고 있는 그녀는 진심이 담긴 소통의 중요성을 늘 강조한다. 그러기 위해서는 무엇보다 경청하는 자세가 필요하다고 말한다. IOC 위원들은 평창에 대한 선입견이 많았는데 그들의 이야기를 듣고 냉철한 이견도 수용하면서 자기성찰 과정을 겪었기에 좋은 결과를 이끌어낼 수 있었다고. 그녀의 인터뷰 내용을 보면서 진정한 외유내강의 아우라가 느껴졌다. 이렇게 생각이 깊고 작은 부분까지 챙기면서 배려하는 민감성이야말로 이 시대에 꼭 필요한 가치가 아닐까 싶다. 민감성이 결여된 사회라 진정성이 묻어나는 민감인의 활약이 더욱 기대된다.

아시아의 대표적인 스타가 된 공유 역시 CNN의 '토크 아시아'라는 프로그램에서 자신을 민감한 사람이라고 밝혔다.

"눈에 보이는 것, 귀에 들리는 것들에 민감해요. 표현을 잘 안 하는 편인데 제 리액션에서 민감함이 드러나는 것 같아요."

스스럼없이 자신에 대해 이야기하는 그에게서 편안함과 진실함이 묻어났다. 대중의 시선 때문에 많은 걸 자제해야 하는데 영화나 드라마에서는 자신을 내려놓고 맡은 배역에만 집중할 수 있다는 점이 배우로 사는 즐거움이라고 했다. 연기하면서 희열을 느끼고 그것이 계속해서 연기할 수 있게 하는 원동력이 된다고 하니 민감한 그이기에 가능한 촘촘한 감정 표현이 연기의 훌륭한 원천임이 틀림없다.

군 복무 시절 청각 장애인 학생들이 겪은 성적 학대에 관한 실화를 다룬 소설책을 읽고 이를 영화로 만들어야겠다고 다짐한 끝에 영화 〈도가니〉가 탄생할 수 있었다. 그는 인간적으로 분노했고 자신이 할 수 있는 일이 무엇인지 생각한 끝에 배우로서 자신의 영향력을 활용해 영화 제작을 촉구하고 그 영화에 출연하게 되었다고 한다. 영화가 개봉된 후 엄청난 사회적 반향을 일으키며 범국민적 서명운동과 사건 재조사까지 이루어졌고, 결국 '도가니법'이 통과되기에 이르렀다. 영화를 보고 함께 분노한 관객들과 문제의식을 느낀 시민들의 참여 덕에 그 모든 게 가능했다고 말하는 그의 겸손함과 진중함은 민감한 배우가 가진 사려 깊음이 얼마나 큰 매력인지 잘 보여준다.

CNN이 주목한 민감한 배우 공유! 그는 본인의 민감함이 삶을 더 풍요롭고 흥미 있게 만들어준다는 걸 하루하루 느끼며 살아갈 것이다.

민감성이라는
귀한 보석

민감한 아이들에게는 무한한 잠재력이 있다. 겉으로 잘 드러나지는 않지만 관심을 갖고 주의 깊게 관찰하면 아이가 가진 재능이 무엇인지 발견할 수 있을 것이다. 내재되어 있는 재능을 인정해주고 재주를 발견해서 수면 위로 끄집어내 주는 것이 바로 부모와 교사가 해야 할 역할이다. 내 아이에 대해 얼마나 알고 있는가? 아이의 민감성을 알아보지 못해 소중한 내 아이를 힘들게 하진 않았는가? 부모인 내가 몰라준다면 이 세상의 누가 우리 아이의 보석 같은 고귀함을 알아줄 것인가? 민감하기에 더 놀랍고 경이로운 우리 아이들의 재능을 잘 세공해서 귀한 보석이 될 수 있도록, 그래서 누구도 대체할 수 없는 존재감과 유능함을 뽐낼 수 있도록 해주고 싶지 않은가? 그렇다면 지금 시작하라! 민감성을 이해하지 못하는 사람들 말에 휘둘려서는 안 된다. 부모인 나부터 민감한 아이의 손을 꼭 잡고 아이의 자존감을 북돋아 주고 더 큰 행복으로 이끄는 삶을 시작해야 한다. 누가 뭐래도 자기를 아끼고 가능성을 믿어주는 부모가 곁에 있다면 민감성에 수반되는 인내와 끈기가 아이를 유능하고 성숙한 인재로 만들어줄 것이다.

부모에서 교사로, 나아가 사회 전반으로 민감성에 대한 올바른 이해가 정립된다면 어린 시절 힘들었다고 회상하는 민감한 어른도, 지금도 어딘가에서 부모에게 사랑받지 못하고 있다고 느끼는 민감한 아이의 수도 줄어들 것이다. 민감한 아이들이 건강하게 자라 사회 곳곳에서 제 역량을 제대로 발휘할 수 있으려면 성장 과정에서 어른들 역할이 얼마나 중요한지를 깨닫고, 부디 그동안 가졌던 편견과 부정적인 시각을 거두어들이길 바란다. 더 높은 곳에서 환하게 빛날 민감한 아이들의 미래를 위해 이제는 어른들이 나설 차례다.

아이의
민감성,
일찍
발견할수록
유익하다

　유치원 학예회 날이었다. 아이가 유치원에 들어간 후 처음 있는 발표회라 기대되고 설렜다. 첫 손자라 더욱 애착이 가시는지 시부모님도 오셨다. 드디어 공연이 시작됐다. 올망졸망한 아이들이 어찌나 예쁜지 시간 가는 줄 몰랐다.

　드디어 우리 아이가 나올 차례가 돼 두 눈을 반짝이며 영상을 찍을 준비를 했다. 그런데 생기발랄한 아이들 사이에서 유독 우리 아이만 긴장한 모습이 역력해 보였다. 집에서 엄마한테 보여줄 때는 그러지 않는데 오늘은 표정이 영 부자연스

민감한 아이 기르기

럽고 동작도 자꾸 틀렸다. 일부러 여기까지 오신 시부모님 보기가 민망할 정도였다. 영상을 찍어서 다른 가족들에게 보여주려 했는데 그러기가 싫어졌다. 다른 아이들은 모두 잘만 하는데 우리 아이는 왜 저러는지 모르겠다.

아이가 부끄러움이 많고 너무 내성적이라 걱정이라는 한 내담자의 이야기다. 유치원 교사에게서 남자아이가 씩씩하지 않고 눈물이 많다는 말을 듣고서 혹시 아이에게 무슨 문제가 있는 건 아닌지, 상담을 받으면 성격 개조가 가능한지 알고 싶다고도 했다.

아이가 심리적으로나 신체적으로 건강한지를 체크하려면 물론 병원에 가서 검사를 받고 아동 심리전문가를 찾아가 상담을 받아보는 것이 가장 좋은 방법이다. 치료를 받아야 할 질환이나 장애가 있다면 검사를 통해 발견할 수 있을 것이고, 자녀 양육에 필요한 전문가의 조언을 구할 수도 있을 테니 말이다.

하지만 민감성은 사람이 가진 다양한 성향과 기질 중 하나일 뿐 치료가 필요한 질병이나 장애가 아니다. 이 이야기에서 내가 주목한 것은 민감한 아이의 기질을 이해하지 못하는 엄마와 남자니까 씩씩해야 한다는 고정관념을 가진 유치원 교사였다. 민감성은 성별과 관계없이 나타난다. 남자아이니까 씩씩해야 한다는 어른들의 낡은 사고방식은 민감한 남자아이를 더욱 위축시킬 뿐이다.

아마도 아이는 난생처음 해보는 학예회에서 많은 낯선 얼굴을 마주하고는 긴장했을 것이다. 어딘가에 엄마와 할머니, 할아버지가 있다 해도 처음 보는 얼굴이 많다 보니 집에서와 같은 편안함과 익숙함을 느낄 수 없었을 것이다. 연습할 땐 잘하다가도 실전에서, 혹은 누군가가 옆에서 지켜보고 있으면 제 실력을 발휘하지 못하는 게 민감한 아이들의 특징 중 하나다.

우리 아이가 민감한 기질을 타고났는지 알아보기 위해서는 아래 사항을 체크해보면 도움이 될 것이다.

□ 동정심이 많고 감수성이 풍부하다.

□ 자기 것만 챙기지 않고 주변 사람들도 잘 챙긴다.

□ 폭력, 따돌림, 비난 등을 간접적으로 체험해도 심리적으로 영향을 받는다. 꼭 자기 일인 것처럼 감정이입을 하고 피해자를 위로해주려 한다.

□ 유독 동물을 좋아한다. 상처 입고 학대받은 동물을 보면 마음 아파하면서 눈물을 흘린다.

□ 돌다리도 두들겨 보고 건너는 타입이다. 행동으로 옮기기 전에 주변을 신중하게 살핀다. 놀이터에 가면 뛰어다니거나 놀이 기구를 타기 전에 관찰부터 한다.

□ 수영장에 가면 물에 빨리 뛰어들어 놀지 않는다. 발부터 담그고 서서히 물에 익숙해지는 시간이 필요하다. 처음 수영을 배울 때 물을 무서워하기도 한다.

□ 친구들과 놀 때도 다른 아이들보다 조용한 편이다. 혼자 있는 시간

을 즐긴다.

☐ 여러 사람과 있을 때 편안하고 자연스러워지려면 시간이 필요하다.
아이 스스로 안전하다는 걸 느끼는 데 시간이 걸린다.

☐ 경적 소리, 천둥번개 치는 소리, 폭죽 소리 등 크고 갑작스러운 소
리에 잘 놀란다.

☐ 나이에 비해 조숙하다.

☐ 또래보다 표현력이 좋고 예리하다.

☐ 아이인데도 진지하고 심각할 때가 있다.

☐ 정직하다. 잔꾀를 부리거나 영악한 구석이 없는 편이다.

☐ 사소한 실수도 하지 않으려 노력한다.

☐ 혼을 내면 심하게 풀이 죽는다.

☐ 공포영화나 폭력적인 장면을 잘 보지 못한다.

☐ 얌전하고 부끄러움이 많다.

☐ 하루 동안 너무 많은 것을 하거나 장시간 집중하고 나면 많이 피곤해
한다.

☐ 감정 표현이 강하고 뚜렷하다.

☐ 잦은 변화보다 안정적인 환경을 좋아한다.

이 중에서 몇 가지만 해당될 수도 있고 대부분 우리 아이
를 묘사하는 것 같다는 느낌을 받을 수도 있다. 중요한 것은 얼
마나 많은 항목이 우리 아이에게 해당되는지가 아니다. 한두
가지일지라도 민감한 부분을 파악했다면 또 다른 부분에서 아

이의 민감성이 드러나진 않는지 잘 관찰해보는 것이 급선무다. 그동안 눈치채지 못한 아이의 민감한 부분을 이제라도 알아채고 적절한 대응 방법을 모색해야 하기 때문이다. 위에서 언급한 항목은 민감한 아이들이 보이는 대표적인 모습일 뿐 우리 아이에게는 또 다른 모습으로 민감성이 드러날 수도 있으므로 인내심을 갖고 아이를 지켜보도록 해야 할 것이다.

민감한 아이라는 걸 알아차리지 못하고 다른 아이들과 똑같은 기준으로 아이를 대한다면 아이는 훗날 자신이 어린 시절 행복하지 않았다고 회상할지도 모른다. 민감한 아이가 감당하기 버거운 것들을 강요당하면 거칠고 무심한 부모 곁에서 소외감과 불안감에 시달리며 우울한 성장기를 보냈다고 여길 수도 있다. 민감한 아이에게 필요한 것이 무엇인지, 아이를 금세 지치게 하는 것이 무엇인지 알지 못하는 부모에게서 아이는 조건 없는 사랑과 안전에 대한 욕구를 충족 받지 못한다. 결국, 아이의 내면에는 부모에 대한 원망과 슬픔이 자리 잡게 되고 이는 어른이 되어서도 가족과의 관계뿐 아니라 다른 인간관계에도 영향을 미치게 된다.

부모 자신이 민감한 기질이라면 성장 과정에서 겪은 남모를 괴로움을 누구보다 잘 알 것이다. 민감하지 않은 부모라면 아이의 민감성을 제대로 볼 줄 아는 눈을 길러야 한다.

이제 민감한 아이의 특성을 알게 되었으니 우리 아이가 민감한지 아닌지 체크해보길 바란다. 민감한 아이는 어린 시절 어떤 양육 환경에서 자라느냐에 따라 많은 부분이 달라진다. 부모가 민감함이라는 특성을 이해하고 안정적인 환경을 만들어주면 아이가 가진 잠재력은 활짝 꽃피울 것이다. 반면 민감한 기질을 이해받지 못하고 자라면 힘겨운 시간을 보내야 할수도 있다.

민감한 아이의 특성과 적절한 양육 환경에 대해 좀 더 자세히 살펴보자.

민감한
아이를
심리적
고아로
만들지
않으려면

"가끔 가족들이 쟤 왜 저러나 하는 눈으로 바라볼 때가 있었
어요. 예전에 캐나다에서 프로그램에 참여했다가 도중에 격
한 감정이 올라와서 막 울었던 적이 있거든요. 아마 아빠는 그
런 제 모습에 익숙하실 거예요. 그때 아빠가 저를 보면서 '앨
라니스, 정말 미안하다. 우린 도무지 너를 어떻게 키워야 할
지, 뭘 어떻게 해야 할지 몰랐단다'라고 진심 어린 마음으로
말씀을 하셨는데, 그 순간 알게 됐어요. 난 왜 항상 세상에 혼
자 남겨진 것만 같고 사람들이 나를 이해하지 못하고 나에 대

해 잘못 인식하고 있다고 느꼈는지. 부모님이 미처 헤아리지 못한 부분들이 있었는데 그런 점을 잘 보듬어주셨더라면 내 장점을 좀 더 안정적으로 키워나갈 수 있었을 거예요. 또 한 가지 아쉬운 점은 나를 지지해주는 환경에서 자랐더라면 내 삶이 훨씬 순조로웠을 테고, 지금은 이렇게 재능이 많고 매력적이라고 생각하는 내 모습을 수치스러워하지 않았을 거예요."

캐나다 출신 싱어송라이터 앨라니스 모리셋Alanis Morissette의 인터뷰 내용이다. 그녀는 민감한 사람들에 대해 올바른 사회적 인식을 심어주기 위해 만든 다큐멘터리에 출연한 적이 있다. 민감함이라는 콘셉트를 학계 최초로 제시한 일레인 아론 박사가 기획한 이 다큐멘터리에서 앨라니스 모리셋은 자신의 어린 시절을 이렇게 회상했다. 아홉 살 때 작곡을 시작해 고등학생 때 가수로 데뷔한 뒤 그래미상을 여러 번 수상한 실력 있는 뮤지션으로 알려져 있지만 자신의 민감함을 이해하지 못하는 부모 밑에서 순탄치 않은 성장기를 보냈던 것이다.

부모의 양육 태도가
아이의 인생을 결정한다

민감함에 대한 공평치 못한 사회적 인식과 더불어 가족들 사이에서마저 이해받지 못해 외로움을 느끼는 것은 많은 민감인이 통과의례처럼 겪는 일이다. 민감한 아이들에게는 맞닥뜨려 견뎌야 할 외부 요인이 산재해 있다. 외부의 광풍에 휘둘리지 않으려면 가정에서만이라도 세심하고 따스한 돌봄을 받아야 한다. 민감성이 아이가 살아가는 데 강점이 될지 아니면 불안 요소로 작용할지는 부모의 양육 태도에 달려 있다는 일레인 아론 박사의 말에 나는 백 퍼센트 공감한다.

우리 아이가 남들과 다르다는 게 창피하고 속상한가? 우리 아이도 다른 아이들처럼 무난했으면 하면서 항상 아이를 다른 아이들과 비교하고 있는가? 그렇다면 우선 부모의 그런 생각부터 바꿔야 한다. 변해야 할 사람은 부모지 아이가 아니다. 부모야말로 아이의 민감성을 받아들이고 이해해주어야 한다. 그래야만 민감한 아이에게 필요한 섬세한 케어를 해줄 수 있고 자상하게 보살펴줄 수 있다.

우선 가장 먼저 기억해야 할 것이 있다. 민감한 기질로 태어난 아이를 민감하지 않은 아이로 바꿀 방법은 없다는 것이다. 민감한 특성은 바꾸고 없애야 하는 것이라고 생각하는 어른들의 사고방식이 문제다. 아이가 민감하다면 그에 맞는 양육방식이 무엇인지 알아보고 적용하는 게 보다 현실적이고 실용적이지 않을까. 민감한 아이가 건강하고 밝게 성장하는 데 가장 필요한 건 부모의 조건 없는 사랑과 이해, 그리고 어떤 경우라도 가족은 내 편이라는 심리적 안정감이다.

민감함을 아이가 가진 특별한 재능이자 선물이라고 생각하면 어떨까. 세계적인 신화학자 조지프 캠벨, 위대한 지도자

에이브러햄 링컨, 유명한 정신분석학자 칼 융처럼 위대한 업적을 남긴 인물들도 민감한 사람들이었다고 한다. 이렇게 뛰어난 인물이 될 수 있는 잠재력을 가진 아이를 알아보지 못하고 있는 건 아닌지 점검이 필요하다.

모든 아이가 그렇듯 민감한 아이에게도 장점이 있다. 이제 그 장점에 주목해야 할 때다. 민감한 아이는 같은 또래 아이들보다 이지적이고 독창적이다. 이러한 장점을 항상 기억하도록 노력하자. 민감한 아이는 인지능력이 뛰어나 남들보다 많은 걸 감지하고 생각이 깊다. 민감한 아이는 쉽게 지치고 주변 환경에 압도당할 때가 많다. 겉으로 보기에 소극적이거나 부끄러워하거나 내향적으로 보이는 것은 이 때문이다. 그래서 쉽게 감정적으로 되기도 하는데 이는 내면의 안정이 깨졌음을 의미한다. 아이가 까다롭다고 야단치기보다 본인이 편안함을 느끼는 것과 그렇지 않은 것을 정확히 구분할 줄 아는 아이임을 인정해주는 부모의 긍정적인 태도가 필요하다.

기질이 다른 부모와 자식의 경우

"넌 또 뭐 때문에 표정이 그래? 왜 그러는지 말을 해. 빠릿빠릿하게 행동하고."

오늘도 아이 엄마는 민감한 딸을 보며 신경질적인 말을 늘어놓는다. 성격이 불같고 엄격한 엄마는 자기와 다른 성격을 가진 딸이 늘 못마땅하다. 아이가 거울 앞에서 허비하는 시간에 책 한 자라도 더 보면 좋을 텐데 싶고, 말수가 적어 속내를 알 수 없으니 답답하기만 하다. 저래가지고 어디 가서 큰소리는커녕 자기 몫도 못 챙길 것만 같아 속에서 열불이 난다.

딸은 얼굴만 마주치면 큰 소리를 퍼붓고 항상 화가 나 있는 엄마가 어렵고 무섭다. 엄마는 자기랑 다른 건 무조건 다 잘못된 거라고 말한다. 가시 돋친 말을 마구 쏟아내고 뭐든 빨리 해내지 않으면 불호령이 떨어진다. 그래서 딸은 집에 있기가 싫다. 불독처럼 아래로 축 늘어진 엄마의 심술보를 친구들이 볼까 봐 걱정이다. 다른 집 엄마들은 상냥하고 목소리도 곱던데 우리 엄마는 왜 맨날 소리만 지르는지 원망스럽다.

민감하지 않은 부모가 자기와 다른 기질을 가진 민감한 아이를 키울 때 흔히 생기는 현상이다. 우리 애는 대체 왜 저러는지 모르겠다는 생각으로 가득할 뿐 실제로 아이가 어떤 성격 유형인지, 어떤 개성을 가졌는지, 아이의 눈높이에서 바라본 세상은 어떤지 알려 하지 않는다면 부모와 자식 간의 틈은 점점 더 벌어질 수밖에 없다.

엄마는 겁이 많고 잘 우는 딸이 안쓰럽다가도 어떻게 달래야 할지 모르겠고, 나약하게 키워서는 안 될 것 같아 어느 순간부터는 그냥 혼자 울도록 내버려 뒀다고 한다. 혼자 실컷 울다 보면 저절로 그칠 거라 생각했고, 솔직히 아이가 우는 소리에 짜증이 나서 그만 좀 울라고 소리 지른 적도 많았다고 한다.

목소리를 높이면 아이는 움찔하면서 엄마가 하는 말에 집중하고 말귀를 알아듣는 것 같았기 때문이다. 성격이 급하고 강한 엄마는 화를 이기지 못해 가끔 딸에게 손을 대거나 물건을 던진 적도 있는데 이렇게 감정이 격해진 엄마를 보고 딸이 바지에 오줌을 싼 적도 있었다고 하니 민감한 어린 딸이 받은 충격과 공포가 어느 정도였을지 짐작이 가고도 남는다.

부모의 정서적 지지가
가장 중요

민감한 아이에게도 역시 규율과 원칙이 필요하다. 하지만 민감하지 않은 아이들과 같은 방식의 훈육은 민감한 아이들에겐 과하게 느껴질 수 있다. 엄격한 훈육과 체벌은 민감한 아이의 반감을 살 뿐만 아니라 고도로 발달한 신경계에 과다한 자극을 줘 심신을 병들게 할 수도 있다. 쉽게 화를 내고 목소리를 높이는 부모 곁에서 민감한 아이는 불안감에 시달리고 점차 마음의 문을 닫게 될지도 모른다. 부모에게 속마음을 이야기하지 않고 힘든 일이 있어도 혼자 끙끙 앓는 아이를 상상해보라. 내 아이를 이렇게 심리적 고아로 자라게 할 것인가.

민감한 아이에게는 그 무엇보다도 가족의 정서적 지지가 필요하다. 민감한 아이를 거칠게 야단치는 건 아이를 감정적으로 무너지게 하는 것이다. 울고 있는 아이에게 화를 내며 야단치는 것 자체가 소리와 타인의 감정 상태에 민감하게 반응하는 아이를 더 심하게 자극하는 꼴이니까 말이다. 습관적으로 화를 내며 아이에게 소리 지르는 부모를 보며 민감한 아이는 두려움을 느끼게 된다. 아이의 몸과 마음에 부모의 지나친 강압과 훈육으로 인한 생채기가 가득 남을 것이다. 상처 많은 아이가 과연 건강하고 행복할 수 있겠는가.

민감한 아이에게는 친구 같은 부모, 파트너처럼 함께 성장하는 다정한 어른이 필요하다. 민감한 아이는 어른들이 이래라저래라 명령만 하고 자신에게는 선택의 여지를 주지 않을 때 더 화가 난다. 자신의 자율성을 침해하고 의견을 물어보지 않는 어른들의 태도가 자신의 자유를 제한한다고 느끼기 때문이다. 부모와 교사를 비롯한 어른들의 모습은 민감한 아이에게 더 큰 영향을 미친다. 조숙하고 명석한 아이의 눈에 어른들의 미성숙한 행동이 보일 때 그는 아이의 존경심을 잃게 될 것이다. 강압과 권위에 거부감을 느끼는 민감한 아이는 하나의 인격체로서 존중받지 못할 때 반항심이 생기기도 한다.

아이의 이런 특성을 잘 파악하고 받아들이는 것이 민감한 아이의 성장을 돕는 첫걸음이다. 민감한 아이를 기르는 일은 결코 만만치 않지만 그만큼 보람과 배움이 가득한 여정일 것이다. 명민한 아이를 키우면서 부모도 그만큼 내적 성장을 이루게 될 테니, 내게 온 복덩이를 일찍 알아보기 바란다. 이왕 시작할 여정이라면 빨리 출발선에 서자. 영특한 우리 아이와 나란히 손을 잡고!

민감한
아이의
특별한
재능

"……나 학원 안 갈래."

"학원을 갑자기 왜 안 가? 무슨 일 있었어?"

"……그냥 안 갈래. 재미없어."

"왜? 그새 싫증났어?"

"응."

별다른 일 없이 잘 다니던 학원을 아이가 갑자기 안 가겠
다고 한다. 친구랑 싸우고 울면서 돌아온 적도 없고, 학원 선생

한테 전화가 올 정도로 말썽을 부리지도 않았는데 남들 다 가는 영어 학원을 안 가겠다니, 다른 아이들보다 공부가 뒤처질까 봐 걱정된다. 다른 학원을 알아봐야 하나 아니면 잘 달래서 계속 다니게끔 해야 하나 엄마는 생각이 많다.

실제로 아이가 공부에 싫증을 느끼고 흥미를 잃었을 수도 있다. 하지만 다른 아이들보다 민감한 아이라면 밖에서 있었던 일을 엄마에게 구구절절 다 말하지 않을 가능성이 높다. 선생님의 꾸중이든 아니면 친구들과의 다툼이든, 아이의 생각과 감정에 파고든 어떤 외부적인 요인에 의해 아이는 깊이 반응하고 있는 것이다. 이때 생각이 많은 아이의 에너지는 내부로 향하게 되고, 따라서 표면적으로 드러나는 모습만으로는 아이의 속마음을 알아차릴 수 없다. 엄마가 보기에는 별 문제 없이 학원을 잘 다니는 것 같고, 아이가 힘들다는 말도 하지 않으니 엄마는 아무 일 없겠거니 여길 것이다. 하지만 민감한 아이가 학원에 가지 않겠다고 말하기까지 아이는 이미 수많은 내적 갈등을 겪었을 것이다. 아이가 간단하게 하는 말이 다일 거라고 생각해서는 안 된다. 평소에 말수가 적고 내향적이거나 생각이 많고 타인의 감정 상태에 빨리 반응하는 아이라면 한동안 밖에서 있었던 일을 혼자 곱씹었을 것이다. 그러다가 엄마에게 어렵게 말을 꺼낸 것이니 아이의 말을 그냥 흘려들어서는 절대 안 된다.

엄마는 아이가 저런 말을 하는 배경에 무엇이 있는지 알아봐야 한다. 아이가 자세히 말을 하지 않으려 한다면 선생님을 찾아가 이야기를 들어보고 아이의 친구들을 통해 최근 무슨 일이 있었는지 알아보는 게 좋다. 민감한 아이를 어떻게 대하는 게 좋은지 모르는 선생님을 불편해하거나 다른 아이들에게 괴롭힘당하고 있는지도 모를 일이다. 아이가 표현하는 것 이상으로 어려움을 겪고 있을 가능성이 있으니 채근하듯 따져 묻지 말고 다른 경로를 통해 아이의 근황을 파악하기를 권한다. 그리고 아이가 더 많은 이야기를 하고 싶어 하는 눈치인지 살펴보고 이야기할 때까지 천천히 기다려주어야 한다. 아이를 앉혀놓고 당장 모든 걸 다 말하라고 다그치지 말고 넌지시 말을 건네 아이의 반응을 유도하는 게 효과적이다.

아이가 어떤 외부요인에 특히 민감한지를 파악하는 것도 중요하다. 소음에 민감할 수도, 밝은 빛에 민감할 수도 있다. 냄새와 매연에 유독 민감할 수도 있고, 빨리 움직이는 놀이기구, 높은 곳에 올라가는 것, 사람이 많이 모이는 장소 등을 힘들어할 수도 있다. 아이가 낯을 가린다면 특히 유의해야 할 점이 있다. 어른들끼리 어울려 노느라 아이를 덩그러니 혼자 내버려두어서는 안 된다. 낯선 사람들에 둘러싸인 아이는 경직되고 불안할 수밖에 없다. 아이가 주변 환경에 적응할 때까지 옆에 있어 주고 다른 아이들과 어울릴 수 있도록 도와주어야 한다. 친구들에게 억지로 다가가 어울리라고 강요하는 것보다 낯을 가리지 않는 아이를 찾아서 함께 놀 수 있도록 해주는 게 좋다.

아이에게 맞는
속도와 강도

아이가 민감하다면 부모는 더 큰 인내심을 가져야 한다. 민감한 아이가 거부감 없이 안정적으로 지내려면 아이에게 맞는 속도와 강도로 외부 환경을 경험하게 해주어야 한다. 민감한 아이의 페이스를 존중해주고 아이 시각에서 상황을 보려 노력하지 않는다면 아이가 부모를 잘 따르지 않게 될지도 모른다. 민감한 아이에게 새로운 경험을 하게 해주고 싶다면 사전에 어디를 가는지, 누구를 만나는지, 그곳에 왜 가는지를 알려주고 아이가 민감하게 반응할 만한 요소가 있는지 미리 생각해보는 것이 좋다. 사진이나 영상을 보여주면서 친숙해지도록 배려하는 것도 좋은 방법이다. 어떤 상황이든 모든 걸 한꺼번에 경험하게 하는 것보다 아이의 페이스에 맞게 서서히 참여하게 하는 것이 좋다.

페이스 조절은 아이 때뿐만 아니라 성인이 되어서도 게을리해서는 안 될 부분이다. 민감성을 타고났다면 성장기 아이의 민감성을 알아보고 기질에 맞는 케어를 해주는 부모가 필요하고, 성인이 되어서는 자신의 민감함을 고려한 셀프케어가 필수적이다.

충분한 수면, 영양가 있는 음식, 야외활동과 운동 등 누구나 알고 있는 기본생활 수칙이 잘 지켜지지 않는 우리 사회에서 민감한 아이들의 에너지는 더 빨리 소진된다. 교육열이 높은 우리나라 학부모들이 민감한 아이의 성향을 이해하지 못해 저지르는 가장 흔한 실수가 바로 이것이다. 방과 후 수업, 학원, 과외로 빡빡하게 채워진 일상이 쌓이고 쌓여 결국엔 번아웃으로 이어진다는 걸 부모들이 일찍 깨달았으면 좋겠다. 다른 집 아이들은 그럭저럭 버티고 견뎌내는 일일지라도 민감한 아이는 더 과중하고 힘들게 체감한다는 걸 제발 기억해주기 바란다.

부모의 날렵한 레이더로 민감한 우리 아이의 재능이 어떻게 발현되는지 유심히 관찰하고 두각을 나타내는 부분에 집중하는 것이 아이의 민감성을 꽃피울 수 있는 길이다. 모든 과목을 다 잘해야 하고 뒤처지는 과목은 더 열심히 해서 점수를 올려야 한다는 생각은 바람직하지 않다. 아이가 흥미를 보이고 잘하는 분야를 선택하고 집중해야 민감한 아이에게서 몰입 능력을 이끌어낼 수 있다. 민감한 아이들은 무서울 정도로 몰입할 수 있는 능력을 갖추고 있다. 관심사를 발견했을 때 아이의 천재성과 탁월함은 세상을 놀라게 할 것이다.

민감한 우리 아이의 영재성을 이끌어내고 싶다면 지금부터 레이더를 작동하라. 아이의 민감한 부분을 파악하고 페이스를 조절하고 아이의 관심과 흥미를 유발하는 데 집중하라. 무엇보다 항상 아이 곁에서 응원해주는 지지자가 되어주어라. 돈으로도 살 수 없는 정서적 유대감이야말로 민감한 아이를 행복하게 해준다.

민감한
아이의
몸과 마음이
쑥쑥 자라는
하루 생활

2월 2일

오늘은 아이 아빠가 술을 먹고 늦게 들어와 자는 아이 얼굴에
뺨을 비벼댔다. 술 냄새가 싫었는지, 까끌까끌한 아빠 수염이
싫었는지 아이는 찡그리며 짜증을 냈다. 정말로 그 느낌이 싫
어서였겠지. 다음부턴 아이가 아무리 예뻐도 늦은 시간에는
만지지 말라고 해야겠다. 이러다 아빠 얼굴을 외면하게 되면
안 되니까.

2월 5일

부부싸움을 했다. 정말 짜증이 나서 내가 이러려고 결혼했나 싶었다. 그러다가 뒤늦게 한쪽 구석에서 웅크리고 앉아 울먹이는 아이를 발견했다. 내 잘못이다. 아니 우리 부부 잘못이다. 안 그래도 민감한 아이인데 그 앞에서 큰 소리로 싸우고…… 그것도 아이 문제로 다투다니. 자기 때문에 엄마 아빠가 싸웠다며 죄지은 사람처럼 눈치를 보면 어쩌나 걱정이다. 아이 눈치는 우리가 봐야 하는데……. 아이를 어떻게 달래야 할지 모르겠다.

2월 7일

아이가 밥을 잘 안 먹는다. 부부 싸움 이후 쌩한 집안 분위기 때문인 것 같다. 싸움은 왜 해서 아이한테 불똥이 튀게 한 건지. 나는 좋은 엄마가 되려면 아직 멀었다.

2월 20일

"엄마, 나는 남자 선생님 무서워. 여자 선생님이면 좋겠어."
학원에 등록하러 가는 길에 아이가 말했다. 아빠 영향을 받은 건가. 다혈질에 목소리 크고 무뚝뚝한 아빠를 아이가 겁내는 것 같다. 아빠만 오면 유난히 더 조용해지니 말이다. 주말만이라도 아이랑 놀아주면 좋을 텐데. 혹시 남자 어른을 무서워하고 있는 건 아닐까 걱정된다.

민감한 아이를 둔 내담자의 육아일기다. 초보 엄마, 아빠라면 누구나 시행착오를 겪는다지만 유난히 민감하고 작은 것에도 크게 반응하는 아이를 어떻게 키워야 할지 몰라 당황스러웠다고 한다. 육아 선배들에게 정보를 얻고 책도 읽어봤지만 자기 아이에게 적당한 육아법을 찾지 못해 혼란스러웠던 것이다. 아이에게 문제가 있는 건 아닐까 걱정하던 중 민감성이라는 기질에 관해 알게 되었다고 한다. 아이 아빠는 민감함이라는 기질을 대수롭지 않게 생각했지만 아이와 더 많은 시간을 보내는 엄마가 보기엔 특별한 관심과 이해가 필요한 것 같았고, 그래서 민감성에 대해 더 자세히 알고 싶다고 했다. 많은 부모가 민감함이라는 기질에 대해 잘 알지 못한다. 이렇게 적극성을 보이는 경우가 흔치 않기 때문에 나는 그녀의 방문이 정말로 반갑고 인상적이었다.

민감한 아이의 눈으로
세상을 보는 방법

민감한 아이는 그렇지 않은 아이보다 고통을 더 많이 느끼고 더 많이 무서워하고 더 슬퍼한다. 민감한 아이가 보고 듣고 느끼고 체험하는 모든 것에는 민감성이라는 특별함이 부여하는 깊이가 있다. 같은 이유로 민감한 아이는 작은 것에도 감동하고 감사할 줄 알며 아름다움을 즐길 줄 안다. 이런 특성을 무시하거나 소중히 여기지 않는 부모의 태도는 아이와 부모 사이에 높다란 벽을 만든다. 부모는 민감한 아이를 기르는 과정에서 세상을 보는 또 다른 시각을 아이를 통해 배우게 될 것이다. 자신과 다른 기질의 아이를 낳고 기르면서 함께 걸어가는 삶의 여정은 민감한 아이가 내게 왔기에 배울 수 있는, 타인에 대한 공감 능력을 기를 수 있는 소중한 과정이다.

그럼 민감한 아이의 눈으로 세상을 보려면 어떻게 해야 할까. 나는 그녀에게 육아일기를 써보라고 권유했다. 아이의 행동이나 감정의 변화를 잘 살피고 그때그때 기록하면서 내 아이의 기분을 헤아려보는 것이다. 아이가 어떤 상황에 영향을 받았는지, 그럴 때 어떤 행동을 보였는지, 감정에 변화가 생겼다면 다시 예전으로 돌아오는 데 얼마나 걸리는지, 나는 그때 아이를 어떻게 대했는지 기록하면서 아차 싶었던 부분을 기억해내고 아이가 힘들어하는 부분을 알아가는 것이다.

아이가 행복한 감정을 느끼고 현재를 즐길 수 있는 장을 마련해주는 것도 좋다. 운동, 댄스, 미술, 악기 연주 등은 표현력과 에너지를 발산하는 훌륭한 분출구다. 다만 유의할 점은 아이들 간에 경쟁을 유발한다거나 과격한 신체 활동은 아이를 즐겁게 하기보다는 스트레스 요인으로 작용할 수 있다는 것을 기억해두자. 부끄러워하는 아이를 억지로 남 앞에 세우거나 단체 수업에 데려가는 것보다는 개인 교습이나 소그룹부터 시작해 아이가 자신감이 생기고 익숙해졌을 때 활동영역을 넓히는 게 좋다.

민감한 아이들은 학교에서 성실한 모범생인 경우가 많다. 자기가 해야 할 일을 제때제때 하고 완벽주의 기질이 있는 아이는 모든 걸 혼자 감내하거나 속으로 삭이느라 더 많이 힘들어한다. 그래서 더욱 분출구가 필요하다. 또한, 민감하면서 외향적인 아이도 있으니 겉으로 보기에 외향성이 강하다고 해서 민감한 부분이 없을 거라 속단하지 말자. 아이가 완벽주의 성향이 있다면 잘하고 있다고 놔두지 말고, 뭐든 잘하려고 애쓰는 아이에게 휴식과 놀이도 필요하다는 걸 알려주기 바란다.

민감한 아이에게는 자연이 주는 힐링 에너지 또한 꼭 필요하다. 햇볕을 충분히 쏘이고 맨발로 잔디밭에서 놀거나 흙을 가지고 노는 것, 동물과 시간을 보내는 것 등은 아이의 정서함양과 건강에 도움이 된다. 민감하지 않은 아이들보다 주변 환경에 더 많은 영향을 받기 때문에 그만큼 생활 속에서 건강한 활력소를 충분히 접해야 한다. 꽃과 나무를 가까이하고 애완동물과 우정을 쌓는 것, 가족과 함께 캠핑하면서 밤하늘을 올려다보는 것, 따뜻한 봄날 돗자리에 누워 일광욕하며 자연스럽게 땅의 에너지를 흡수하는 것, 놀이터에서 소꿉장난하며 모래를 만지고 땅바닥에 앉아 있는 것. 이런 것들은 민감한 아이의 일상에서 결코 빠져서는 안 되는 활동이다.

부모와 아이가
함께 나누는
감사의 말

　민감한 아이를 쉽게 재우고 평온하게 하루를 마무리하는 데 효과적인 방법을 소개한다. 따뜻한 물로 목욕을 시킨 뒤 허브 오일로 마사지를 해주면서 잔잔한 음악을 들려주면 아이는 민감한 청각과 촉각으로 금방 부드러움과 포근함을 감지한다. 이때 거실에 텔레비전이 켜져 있거나 옆에서 게임기나 컴퓨터 등 다른 소리가 들린다면 소리에 민감한 아이를 자극할 수 있으니 주의해야 한다. 큰 소리로 떠드는 어른들의 목소리도 방해 요인이 된다. 특히나 저녁 시간에는 폭력물, 사건사고를 전하는 뉴스 등에 아이가 노출되지 않도록 주의하라. 부정적인 내용은 잔상이 남아 수면의 질에 영향을 줄 수 있고, 어릴 때부터 세상은 무서운 곳이라는 생각을 갖게 할지도 모를 일이다. 잠자리에 들기 전 하루를 정리하는 기도와 일기 쓰기 습관을 들이는 것 역시 좋은 방법이다. 아이와 친밀감을 높이고 싶다면 엄마, 아빠와 함께 그날 있었던 일을 이야기하면서 감사의 말로 하루를 마무리하는 건 어떨까.

　"엄마가 저녁때 계란말이를 해주셔서 감사합니다~."
　"음, 엄마는 우리 예쁜이가 목욕하고 좋은 냄새가 나서 감사합니다~."

"흠, 음, 아빠는…… 이제 잘 시간이 돼서 감사합니다~."

특별한 일이 아니더라도 우리가 감사할 일은 얼마든지 있다는 걸 아이와 부모가 함께 느낄 수 있을 것이다. 이처럼 사소한 습관은 가족 간의 친밀감과 유대감을 만들어준다. 마음이 몽글몽글해진 채로 잠든 아이는 꿈속에서도 행복할 것이다. 처음에는 낯간지러워서 잘 못 하겠지만 작은 것부터 감사하게 생각하려는 마음가짐과 노력이 있다면 아이를 위해 시작한 감사 멘트가 어느 순간 부모까지도 바꾸게 될 것이다. 이런 게 바로 가족에게 일어나는 힐링이다.

민감한 아이 기르기

|

그날
그 나무
아래
다시
서다

일 년 전 이맘때쯤 나는 허탈한 마음으로 공원을 산책했다. 그날도 어김없이 공원은 한산했다. 평일 낮에 한가롭게 공원을 거닐 수 있는 사람은 별로 없을 것이다. 벤치에 앉아 쉬고 있는 노인들과 유모차를 끌고 나온 아기 엄마들이 간간이 보일뿐, 나처럼 한창 일할 나이의 젊은 사람은 보이지 않았다. 누군가의 눈에는 햇볕을 듬뿍 맞으며 유유자적 산책하는 금수저로 보였을지도 모르겠다. 하지만 당시 나는 정말로 앞날이 막막하기만 한 고학력 백수였다. 겉으로는 몸이 좋지 않아 쉬엄쉬엄 일하는 프리랜서였지만 내가 체감하는 삶은 하루하루가 그저 죽을 것같이 힘든 나날이었다. 이럴 거면 공부는 대체 왜 했으며 어째서 이 세상 어디에도 내가 살아갈 만한 곳, 밥벌이할 곳 하나 없는지, 어쩌다 내가 이런 신세가 됐는지 아무리 생각해 봐도 답이 나오지 않았다.

이렇게 살 수밖에 없는 건지, 얼마나 더 버틸 수 있을지 몰라 불안한 처지였기에 얼마 전부터 속는 셈 치고 신에게 빌기 시작했었다. 하느님, 부처님, 혹시나 있을지도 모를 내 수호천사에게 지금 내가 할 수 있는 최선의 선택이 무엇인지 제발 좀 알려달라고 말이다. 몇 주가 지나도 이거다 싶은 아이디어는 고사하고 아무런 계시도 없는 걸 보면서 '그럼 그렇지, 신은 무슨. 평생 무신론자로 살아온 사람이 갑자기 온갖 신한테 기도한다고 뭐가 달라질 리가 없지'라며 불평만 하고 있었다.

그날도 그런 날 중 하루였다. 화창한 날씨와는 딴판으로 무겁기만 한 마음과 발걸음은 그날도 나를 공원으로 이끌었다. 터벅터벅 걸으면서 오늘도 이렇게 시간이 흘러가는구나 싶어 짜증도 나고 서글프기도 했던 그날, 내 두 발 앞에 커다란 나뭇가지가 하나 툭 하며 떨어지는 게 아닌가. 꼭 누군가 위에서 내 발끝을 겨냥해 일부러 떨어뜨린 것만 같았다. 바람 한 점 없는 날, 어디선가 날아온 것도 아니고 위에서 툭 떨어진 굵은 나뭇가지였다. 정원사가 나무를 자르고 있나 싶어 주변을 두리번거렸지만 주위엔 아무도 없었다. 정말 1초만 타이밍이 안 맞았어도 맞을 뻔했다. 이게 무슨 일인가 싶어 어리둥절하고 있을 때 내 시선이 향한 곳에 이렇게 쓰여 있었다.

수수꽃다리: 향기로운 연보라색 꽃은 4월에 피며, 열매는 9월에 익는다.

그때 나는 내가 초민감인이라는 걸 알고 여전히 혼란스러워하고 있을 때였다. '설마 내가' 하면서도 힘들었던 지난날들을 조금씩 이해하는 중이었다. '그럼 이제 어쩌나' 하는 생각으로 가득했던 그 시절, 나는 초민감인의 심신안정에 꽤 도움이 된다는 명상을 배워볼까 말까 고민하고 있었다. 에너지 힐링이라는 오묘하고 신비롭지만 왠지 무섭게 느껴지는 치유 분야를 막 발견한 시기이기도 하다. 그 세계에 발을 들여놓는 것이 앞으로의 삶을 헤쳐 나가는 데 버팀목이 되어줄지 확신이 서지 않아서 이러지도 저러지도 못하고 있었다.

그때 나무 기둥에 붙어 있던 문구를 보면서 '어, 이건가?' 하는 생각이 뇌리를 스치지 않았다면, 아니 더 정확히 말해 그때의 상황이 하늘의 계시였음을 알아차리지 못했더라면 이 책은 세상에 나오지 않았을 것이다. 4월은 내 생일이 있는 달이고, 나 자신에게 주는 생일 선물로 마스터 힐러 데보라 킹의 명상 프로그램을 등록하려고 하던 참이었다. 9월은 소수정예로 진행되는 에너지 힐링 프로그램이 시작되는 달이었는데, 내가 과연 그 프로그램에 적합한 사람인지, 그것이 나를 위한 최선의 선택인지 확신이 서지 않았었다. 결과적으로 나는 옳은 선택을 했다. 옷도, 신발도, 가방도 아닌 명상 프로그램에 등록한 건 내 생애 최고의 생일 선물이 되었다. 많은 갈등 끝에 시작한 에너지 힐링 프로그램은 힘든 과정이지만 그동안 외면했던 내 상처를 직면하고 온갖 두려움과 회피로 얼룩진 삶을 되풀이하지 않겠다는 의지를 갖게 해주었다.

내가 에너지를 잘 느끼는 초민감인이라는 걸 다시 한번 확인할 수 있었고, 힐링 에너지를 느낄 수 있게 되니 새로운 세상이 열렸다. 에너지 힐링을 공부하면서 내면과 마주할수록 참된 나와 점점 가까워지는 느낌이 들었다.

나를 짓누르는 생각을 글로 표현하면서 속풀이를 해보겠다는 다짐은 이미 오래전에 했었지만 이거다 싶은 글쓰기 수업을 찾지 못해 포기하고 있었다. 글쓰기는 나와 인연이 없나 보다 싶어 잊고 있다가 불현듯 다시 생각났을 때 우연히 발견한 글쓰기 수업의 개강일도 9월이었다. 내 지난날을 회상하면서 그 시절을 정리하고픈 마음에서 쓰기 시작한 글이 이렇게 책으로 나와 독자들과 만나게 되다니. 새로운 삶과 인연의 시작을 알리는 것 같아 마냥 기쁘기만 하다.

오늘 나는 그때 나뭇가지가 떨어졌던 그 나무 아래 다시 서 있다. 일 년이 지난 지금, 나는 더 건강해졌고 내가 어떤 사람인지 누구보다 잘 알고 있다. 이렇게 내 마음과 영혼이 담긴 책도 썼고, 치유는 상담사나 정신과 의사가 대신해줄 수 있는 게 아니라는 것도 알게 되었다. 건강하고 행복해지고 싶은 굳은 의지가 필요하고 스스로 실천해야 할 부분이 많다는 걸 직접 체험하고 나니, 내 삶의 핸들은 내가 잡아야 한다는 말이 진리로 다가온다.

명상, 에너지 힐링, 식물의 힐링 에너지에 큰 도움을 받았다. 그날 나무가 알려준 운명적인 메시지를 직관적으로 알아차린 걸 보면 이제 초민감인답게 살아갈 제2의 인생이 열린 것 같다. 이 책이 이 땅의 모든 민감인들과 초민감인들에게 그동안 어디서도 얻지 못한 마음의 위로와 안식을 주었으면 좋겠다. 우리가 예민하고 까다로운 게 아니라 남들이 우리만큼 느끼지 못하며 살고 있다는 것, 우리는 자유롭고 창의적인 사고가 가능한 사람들이라는 것만 기억해도 숨통이 좀 트이지 않는가!

자가 치유를 위해 시작한 자연요법과 에너지 힐링 공부가 이전과는 다른 삶으로 나를 인도하고 있다. 무엇이든 그것이 내 삶의 목적이라면 실패하지 않을 거라는 말을 나는 이제 믿게 되었다. 간절함을 담아 쓴 글이 이렇게 책이 되었듯이 내 도움이 필요한 사람들의 치유 과정을 함께하는 일이 내 삶의 여정 속에 있다면 나는 기꺼이 그 길을 갈 것이다.